Jürgen Friedrichs · Sascha Triemer

Gespaltene Städte?

Jürgen Friedrichs
Sascha Triemer

Gespaltene Städte?

Soziale und ethnische
Segregation in deutschen
Großstädten

2. Auflage

VS VERLAG FÜR SOZIALWISSENSCHAFTEN

Bibliografische Information der Deutschen Nationalbibliothek
Die Deutsche Nationalbibliothek verzeichnet diese Publikation in der
Deutschen Nationalbibliografie; detaillierte bibliografische Daten sind im Internet über
<http://dnb.d-nb.de> abrufbar.

2. Auflage 2009

Alle Rechte vorbehalten
© VS Verlag für Sozialwissenschaften | GWV Fachverlage GmbH, Wiesbaden 2009

Lektorat: Frank Engelhardt

VS Verlag für Sozialwissenschaften ist Teil der Fachverlagsgruppe Springer Science+Business Media.
www.vs-verlag.de

Das Werk einschließlich aller seiner Teile ist urheberrechtlich geschützt. Jede Verwertung außerhalb der engen Grenzen des Urheberrechtsgesetzes ist ohne Zustimmung des Verlags unzulässig und strafbar. Das gilt insbesondere für Vervielfältigungen, Übersetzungen, Mikroverfilmungen und die Einspeicherung und Verarbeitung in elektronischen Systemen.

Die Wiedergabe von Gebrauchsnamen, Handelsnamen, Warenbezeichnungen usw. in diesem Werk berechtigt auch ohne besondere Kennzeichnung nicht zu der Annahme, dass solche Namen im Sinne der Warenzeichen- und Markenschutz-Gesetzgebung als frei zu betrachten wären und daher von jedermann benutzt werden dürften.

Umschlaggestaltung: KünkelLopka Medienentwicklung, Heidelberg
Druck und buchbinderische Verarbeitung: Krips b.v., Meppel
Gedruckt auf säurefreiem und chlorfrei gebleichtem Papier
Printed in the Netherlands

ISBN 978-3-531-16830-2

Inhalt

Einleitung 7
1. Problem: Einkommenspolarisierung und Armut 8
    1.1 Armut 9
    1.2 Städtische Armut 15
    1.3 Segregation und soziale Mischung 16
    1.4 Polarisierung 18

2. Methoden und Daten 21
    2.1 Variablen und räumliche Einheiten 21
    2.2 Klassifikation der Städte 24
    2.3 Das Problem der Einbürgerungen 25

3. Soziale Segregation 29
    3.1   Mietbelastung 32
    3.2   Folgen der Sozialhilfe 33
    3.3   Die Entwicklungen in den Städten 34
    3.4   Karten zur sozialen Segregation 42

4. Ethnische Segregation 71
    4.1 Ethnische Mischung, Kontakte und Vorurteile 71
    4.2 Erklärungen der Segregation 74
    4. 3 Die Entwicklung der Stadtteile 76
    4.4 Karten zur ethnischen Segregation 79

5. Stabilität sozialer und ethnischer Segregation? 109
    5.1 Stabilität: Vergleich 1990 und 2005 109
    5.2 Erklärungen 112
    5.3 Zusammenfassung 117

6. Dokumentation 119
    6.1   Berlin 120
    6.2   Bremen 123
    6.3   Dortmund 126
    6.4   Dresden 129
    6.5   Düsseldorf 132
    6.6   Duisburg 135
    6.7   Essen 138
    6.8   Frankfurt am Main 141
    6.9   Hamburg 144
    6.10 Hannover 147
    6.11 Köln 150
    6.12 Leipzig 153
    6.13 München 156
    6.14 Nürnberg 159

6.15 Stuttgart 162

Literaturverzeichnis 165

Anhang 1: Städte-Klassifikationen 177

Anhang 2: Datenquellen 179

Einleitung

Wir legen das Ergebnis eines mehrjährigen Projektes vor, das sich auf die Zusammenhänge von wirtschaftlicher Entwicklung, Einkommensungleichheit und steigender Armut richtet. Wir untersuchen die sozial-räumlichen Auswirkungen, in dem wir die Segregation von Armen und von Migranten darstellen, aber auch die Beziehungen zwischen beiden Formen.

Die Analyse der Segregation ist deshalb so bedeutsam, weil mit der räumlichen Sortierung und als deren Folge mit der Konzentration benachteiligter sozialer Gruppen in wenigen Stadtteilen negative Folgen für diese Gruppe verbunden sind. Eine homogene oder relativ homogene Struktur benachteiligter Bewohner in einem Stadtviertel dürfte allen Erkenntnissen zufolge einen zusätzlichen negativen Effekt, den Kontexteffekt der Nachbarschaft, haben, weshalb in der Stadtforschung und Stadtplanung bis heute für sozial gemischte Wohngebiete plädiert wird.

In unserer Studie untersuchen wir, wie stark das Ausmaß der sozialen und ethnischen Segregation in 15 deutschen Großstädten ist und ob es zu- oder abgenommen hat. Wir untersuchen ferner die Zusammenhänge zwischen beiden Formen der Segregation. Die Analysen beziehen sich auf den Zeitraum von 1990 bis 2005.

Neben dem theoretischen Teil enthält das Buch zwei empirische Teile: einen, in dem die Ergebnisse der einzelnen Städte vergleichend und zusammenfassend dargestellt werden und einen, der sich auf die einzelnen Städte richtet. Da es uns vor allem auf diesen Vergleich ankam, haben wir dieses Kapitel vor die Dokumentation der Daten und Analysen gestellt, in der jede der 15 Großstädte behandelt wird. Es war ausdrücklich nicht unsere Absicht, für jede Stadt eine monographische Darstellung zu geben; vielmehr beschränken wir uns auf die Dokumentation der für unsere Analysen wichtigen Daten.

Wir hatten erhebliche Schwierigkeiten, insbesondere Daten für die Sozialhilfeempfänger zu erhalten, obgleich wir uns hierum über Jahre bemüht haben. Diese Daten sind offenbar so sensibel, dass sie im Statistischen Jahrbuch Deutscher Gemeinden zuletzt 1986 veröffentlicht wurden.

Ungeachtet dessen danken wir den Mitarbeiter/innen in den Statistischen Ämtern der Städte, die uns nach wenigen Stunden oder Monaten geholfen haben. Unser Dank gilt sodann Dipl.-Geogr. Christiane Bremer, die in der ersten Phase des Projektes mitgearbeitet und in mühevoller Kleinarbeit Daten zusammengetragen hat. Ferner Petra Altendorf, M.A., die das Manuskript montiert und Korrektur gelesen hat. Schließlich danken wir der Fritz Thyssen Stiftung, die einen Teil des Projektes finanziert hat.

1. Problem: Einkommenspolarisierung und Armut

In den letzten zwei Dekaden ist in der Bundesrepublik durch den fortdauernden wirtschaftlichen Strukturwandel die Zahl der Arbeitslosen kontinuierlich angestiegen (bis 2006), die Einkommensungleichheit hat zwar nur leicht zugenommen, jedoch haben sich Spitzeneinkommen erhöht, nicht hingegen diejenigen der Bezieher niedriger Einkommen – deren Chancen, in eine höhere Einkommensgruppe aufzusteigen, haben sich sogar vermindert.

Im gleichen Zeitraum hat sowohl die Zahl der Migranten als auch die der Armen zugenommen. Beide Entwicklungen hängen eng zusammen, wie unsere Analysen belegen. Wir haben es demnach mit einer steigenden sozialen Ungleichheit zu tun. Die soziale Ungleichheit führt, wie eine klassische Hypothese der Soziologie lautet, auch zu einer räumlichen Ungleichheit: Arme und ethnische Minoritäten (oder Migranten) verteilen sich disproportional über die Wohngebiete der Stadt. Das gilt im Übrigen nicht nur für deutsche, sondern auch für andere europäische Großstädte.

Unsere Studie richtet sich sowohl auf die soziale Segregation als auch auf die ethnische. Es ist nahe liegend, beide Formen zu untersuchen, weil sie eng verbunden sind. Das Bindeglied auf der Mikroebene ist die niedrige Qualifikation beider Personengruppen, die dann zu niedrigeren Einkommen führt, was wiederum zur Folge hat, nur eine relativ geringe Miete zahlen zu können. Beide Gruppen (und deren Schnittmenge) sind sowohl auf dem Arbeits- als deshalb auch auf dem Wohnungsmarkt benachteiligt. Sie haben geringere Chancen, sich eine angemessene Wohnung zu suchen, da sie sowohl durch ihre niedrigen Rentengebote als auch durch eine Diskriminierung durch die Vermieter in ihrer Wohnstandortwahl eingeschränkt sind. Ihnen bleiben nur wenige Wohngebiete in der Stadt.

Das Resultat wird eine relativ hohe Segregation sein. Und damit beginnt ein Zirkel: Sie wohnen in Gebieten mit oft geringerer Qualität der Schulen und fehlenden positiven Rollenmodellen. Die Wahrscheinlichkeit, sich abweichend zu verhalten, steigt, ebenso sind überproportional häufig niedrige Schulabschlüsse und geringere sprachliche Kompetenzen zu erwarten, so dass beide wiederum zu geringeren Chancen auf dem Arbeitsmarkt führen. Wenn man die ungleichen Eingangsvoraussetzungen, die bereits im Kindergarten-Alter bestehen, heranzieht (Wesemann 2006), dann gewinnt man den Eindruck, über die Lebensverläufe vieler Kinder aus benachteiligten Haushalten sei bereits im Alter von drei bis vier Jahren entschieden.

Bevor wir die Segregation beschreiben und in einem theoretischen Teil auf die Ursachen eingehen, stellen wir zunächst dar, wie sich Einkommen und Armut in den letzten Jahren entwickelt haben.

1.1 Armut

„Es ist eine unumstößliche Wahrheit, dass im grellsten Gegensatz mit dem so segensreichen Fortschritt der deutschen Nation in der Kunst, Bildung und Wissenschaft, bei dem stets zuneh

1. Problem: Einkommenspolarisierung und Armut

menden Wohlstand im Allgemeinen, dennoch die Armuth fortfahren kann, ihr Reich auszudehnen, und immer mehr Opfer zu verschlingen".

Dieser Text aus dem Jahre 1844 (Anonym 1844: 1) hat an Aktualität wenig eingebüßt – wenngleich die Bundesrepublik ein reiches Land ist, wie der 2. Armutsbericht der Bundesregierung (Deutscher Bundestag 2005: 53) feststellt. So ist die Entwicklung der jährlichen Haushaltsnettoäquivalenzeinkommen[1] generell positiv; sie nahm zwischen 1985 und 2005 deutlich zu (Abbildung 1). Das gilt auch, wenn die monatlichen Äquivalenzeinkommen betrachtet werden (Abbildung A1 im Anhang). Jedoch hat sich zum einen die Spanne zwischen „arm" und „reich" erheblich erhöht; sie ist in Westdeutschland größer als in Ostdeutschland. Zum zweiten bestehen noch immer beträchtliche Unterschiede zwischen West- und Ostdeutschland, obgleich eine Annäherung der Einkommen seit der Wiedervereinigung festzustellen ist.

Abbildung 1.1: Entwicklung des jährlichen Haushaltsnettoäquivalenzeinkommens

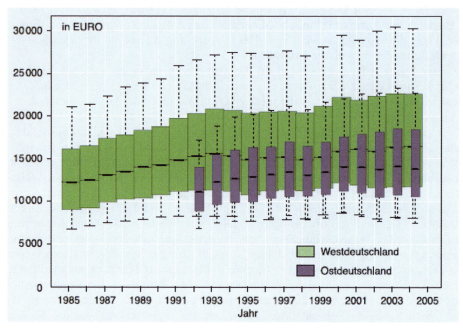

Datenbasis: SOEP 1985-2005. Quelle: Statistisches Bundesamt 2006: 614.

Dennoch lassen sich die Einkommenssituation und -entwicklung in Ostdeutschland immer noch als benachteiligt bezeichnen. Der Median des Haushaltsnettoeinkommens beträgt in

---

[1] Die Berechnung des Einkommens erfolgte häufig als Haushaltsnettoeinkommen oder Pro-Kopf-Einkommen. Beide Formen berücksichtigen jedoch nicht die Zusammensetzung eines Haushaltes nach der Zahl der Erwachsenen und der Zahl und dem Alter der Kinder. Dem trägt das bedarfsgewichtete Einkommen, das Äquivalenzeinkommen, Rechnung: Nach der neuen OECD-Skala geht der Haupteinkommensbezieher mit einem Gewicht von 1,0, alle weiteren Personen über 14 Jahre mit dem Gewicht von 0,5 und unter 14-jährige mit dem Gewicht von 0,3 in die Berechnung ein.

1. Problem: Einkommenspolarisierung und Armut

den südlichen alten Bundesländern in den Jahren 2001 bis 2005 € 1.210, während der Vergleichswert der neuen Bundesländer nur € 1.032 beträgt (vgl. Tabelle 1.1).

Bei den Haushaltseinkommen besteht keine starke Verschärfung bestehender Disparitäten. Auch in regionaler Perspektive, auf der Ebene von Kreisregionen, sind die Unterschiede relativ gering. Dies ist allerdings auf die hohen Transferzahlungen zurück zu führen. Betrachtet man hingegen die Vermögensverteilung, so ist eine zunehmende Polarisierung festzustellen. Auch die veränderten Spannen in der Einkommensverteilung sind ein Beleg dafür, dass sich eine ungleiche Entwicklung vollzogen hat, die als „Polarisierung" interpretiert werden kann. Hierfür sprechen folgende Befunde:

1. Eine sehr ungleiche Verteilung der Privatvermögen: Während die unteren 50 Prozent der Haushalte nur über vier Prozent des gesamten Nettovermögens verfügen, entfallen auf die obersten zehn Prozent 47 Prozent (Deutscher Bundestag 2005: 55).
2. Die Ungleichheit der Einkommen hat sich nur sehr geringfügig erhöht. Hingegen ist die Ungleichheit (ebenfalls gemessen mit Hilfe des Gini-Koeffizienten) der Verteilung des Nettovermögens zwischen 1993 und 2003 in Westdeutschland von .63 auf .68 gestiegen (Deutscher Bundestag 2005: 57).
3. Das Armutsrisiko hat sich zwischen 1983 und 1998 erhöht und ist dann nochmals bis 2003 von 12,1 % auf 13,5 % angestiegen (Deutscher Bundestag 2005: 45).
4. Die Armutsquoten in den alten Bundesländern sind nach der Wiedervereinigung deutlich gesunken, haben sich aber spätestens seit 1996 wieder erhöht und befinden sich in den alten Bundesländern jetzt fast wieder auf dem Niveau der Zeit vor der Wiedervereinigung (vgl. Tabelle 1.1).
5. Die Realeinkommen sind zwischen 1992 und 2003 gestiegen, doch zwischen 2003 und 2006 zurückgegangen, die Einkommensmobilität ist stärker nach unten als nach oben gerichtet und die Mittelschicht ist zwischen 2000 und 2006 von 62 % auf 54 % der Bevölkerung geschrumpft (Grabka und Frick 2008: 102-104).

Tabelle 1.1: Haushaltsnettoeinkommen und Armut in regionaler Differenzierung
(Langfristige Trends in gleitenden Fünfjahresdurchschnitten)

	Deutschland gesamt	Alte Bundesländer Süd	Alte Bundesländer Nord	Stadtstaaten	Neue Bundesländer
Median (in €)					
1985-1989	979	964	967	1083	
1991-1995	1061	1130	1117	1138	846
1996-2000	1133	1149	1183	1196	1008
2001-2005	1174	1210	1208	1191	1032
Index p90[1]					
1985-1989	168,5	167,2	168,1	182,8	
1991-1995	174,4	180,9	186,2	185,1	119,7
1996-2000	173,8	177,1	181,1	182,4	134,1
2001-2005	179,4	184,6	187,2	178,4	141,4
Index p50[1] (Median)					
1985-1989	100	98,5	98,8	110,7	

1991-1995	100	106,7	105,4	107,3	79,5
1996-2000	100	101,4	104,4	105,7	89,0
2001-2005	100	103,1	102,9	101,5	88,0
Index p10[1]					
1985-1989	57,5	57,1	56,7	61,1	
1991-1995	57,6	61,4	62,3	58,7	48,9
1996-2000	58,2	58,4	61,0	56,4	54,4
2001-2005	55,6	57,9	57,1	54,7	50,3
Gini					
1985-1989	0,25	0,26	0,25	0,25	
1991-1995	0,25	0,24	0,26	0,25	0,20
1996-2000	0,24	0,24	0,25	0,25	0,20
2001-2005	0,26	0,26	0,26	0,27	0,23
Armutsquoten (60% des Medians des monatlichen Äquivalenzeinkommens)					
1985-1989	11,7	11,6	12,1	9,2	
1991-1995	11,4	9,3	8,5	10,4	22,0
1996-2000	11,0	10,7	9,2	13,0	15,2
2001-2005	12,7	11,2	11,5	13,8	18,3

[1] Indexwert gemessen am gesamtdeutschen Median (= 100), p10 = zehntes Percentil, p50 = Median, p90 = Neunzigstes Percentil. Datenbasis: SOEP 1985-2005.
Quelle: Statistisches Bundesamt 2006: 615.

Tabelle 1.1 zeigt, dass in den alten Bundesländern Süd im Zeitraum von 1985 bis 1989 das mittlere Äquivalenzeinkommen bei € 964,- lag, im Zeitraum 2001 bis 2005 lag es bei € 1210,-. Um zu den obersten 10 % der Einkommensbezieher zu gehören, genügte es zwischen 1985 und 1989, wenn das Äquivalenzeinkommen bei 167,2 % des mittleren Einkommens lag, also bei € 1611,80; im Zeitraum 2001 bis 2005 lag der entsprechende Wert schon bei 184,6 % (d.h. die Ungleichheit nahm zu) oder € 2233,66. Zu den unteren 10 % der Einkommensbezieher gehörte man 1985 bis 1989, wenn man 57,1 % des Äquivalenzeinkommens erzielte, in Folge der Wiedervereinigung stieg dieser Wert auf 61,4% (d.h. die Ungleichheit nahm ab), um 2001 bis 2005 wieder auf einen Wert von 57,9 % zu fallen. Die Differenzen werden insbesondere bei den Stadtstaaten deutlich, wobei vermutlich Berlin den größten Anteil hat. Zusätzlich zu einigen regionalen Unterschieden (Tabelle 1.1) ist auch ein unterschiedlich hohes Armutsrisiko für verschiedene Bevölkerungsgruppen festzustellen (vgl. Tabelle 1.2).

Tabelle 1.2 lässt sich entnehmen, dass Frauen im Schnitt öfter von Armut betroffen sind als Männer, Ausländer doppelt so oft wie Deutsche und auch Kinder, Jugendliche und junge Erwachsene bis 30 Jahren. Besonders auffällig ist die Gruppe der 21- bis 30-Jährigen; in dieser Altersgruppe stieg der Anteil der unterhalb der Armutsschwelle lebenden von 11,2 % im Jahr 1997 auf 18,9 % sieben Jahre später. Generell stieg die Armutsquote in Deutschland über alle Teilgruppen hinweg zwischen den Jahren 1997 und 2004 von 10,9 % auf 12,7 %.

Tabelle 1.2: Betroffenheit von Armut, nach Bevölkerungsgruppen, 1997 und 2004, in Prozent

	1997		2004	
	Bev.-Anteil	Armuts-Quote	Bev.-Anteil	Armuts-Quote
Bevölkerung insgesamt	100,0	10,9	100,0	12,7
Geschlecht				
- männlich	48,2	10,2	47,5	11,8
- weiblich	51,8	11,6	52,5	13,4
Alter				
bis 10 Jahre	11,5	12,9	10,2	14,8
11-20 Jahre	11,0	16,2	11,0	18,4
21-30 Jahre	13,0	11,2	11,2	18,9
31-40 Jahre	16,2	8,7	15,2	10,7
41-50 Jahre	13,6	9,4	15,4	11,8
51-60 Jahre	13,8	10,8	12,5	9,8
61-70 Jahre	11,1	10,2	13,4	8,2
71 Jahre und älter	9,9	9,2	11,1	11,1
Nationalität				
deutsch	91,8	9,8	-	12,0
nicht deutsch	8,2	24,2	-	23,8
Schulabschluss				
Hauptschule, ohne Abschluss	15,8	18,4	12,1	23,5
RS, FHS, Gym., ohne Abschluss	4,3	10,3	3,6	11,8
Hauptschule, mit Abschluss	31,7	10,0	27,6	10,4
Realschule, mit Abschluss	20,9	8,0	23,8	10,2
FHS, Gym., mit Abschluss	7,0	6,7	9,0	10,8
Haushaltstypen				
Singlehaushalt	16,8	16,0	18,1	16,6
Paarhaushalt ohne Kinder	26,9	4,8	27,7	6,6
Paarhaushalt m. minderj. Kindern	38,8	10,0	37,1	12,8
Einelternhaushalt	4,2	37,2	5,0	35,8
Elternhaushalt m. erw. Kindern	12,6	11,7	11,7	10,6
Sonstige Mehrpersonenhaushalte	0,8	12,0	0,5	10,2

Datenbasis: SOEP 1997, 2004. *Quelle:* Statistisches Bundesamt 2006: 618, 619 (Auszüge).

Insbesondere auf das spätere Leben von Kindern und Jugendlichen hat Armut konkrete Auswirkungen in den zentralen Lebensbereichen Bildung, Gesundheit, Erziehung, Wohnen und Freizeit (vgl. Landeshauptstadt Düsseldorf 1999: 8-16).

Ferner zeigen Analysen der Einkommens- und Armutsdynamik, dass sich die Chancen von Personen im untersten Einkommensquintil, in eine höhere Einkommensgruppe (Quintile 1-4) aufzusteigen, im Zeitraum 2001-2004 deutlich gegenüber dem Zeitraum 1993-1996 verschlechtert haben: 71,5 % verbleiben in diesem Einkommensquintil, der „Anteil mit dauerhaften Armutserfahrungen hat [hingegen] zugenommen" (Statistisches Bundesamt 2006: 622f.).

Dass der Anteil der Armen größer wird und die Polarisierung der Einkommen zunimmt, wird auch im neuesten Bericht der Bundesregierung „Lebenslagen in Deutschland" belegt (BMGS 2005: 18). Seit 1980 ist die Zahl der Sozialhilfeempfänger (laufende Hilfe, außerhalb von Einrichtungen) von 851.000 auf 2.910.000 Ende 2004 gestiegen (Deutscher Bundestag 2005: 323, Statistisches Bundesamt 2006: 209). Während im Jahr 1991 4,0 % der Gesamtbevölkerung Deutschlands in höherem (mehr als 200 % des durchschnittlichen monatlichen Äquivalenzeinkommens) und weitere 8,2 % im relativem Wohlstand lebten (150-200 % des durchschnittlichen monatlichen Äquivalenzeinkommens), waren es 14 Jahre später bereits 4,2 % bzw. 8,4 % (Statistisches Bundesamt 200a: 611). Gleichzeitig stieg der Anteil der Personen in relativer Armut von 9,3 % (maximal 50 % des durchschnittlichen monatlichen Äquivalenzeinkommens) auf 10,6 % im Jahr 2005, während der Anteil der im prekären Wohlstand (50-75 % des durchschnittlichen monatlichen Äquivalenzeinkommens) lebenden Bevölkerung von 25,4 % auf 23,8 % sank. Die Einkommensschere hat sich damit an den Extremen weiter geöffnet.

Während im Jahr 1991 12,2 % der Gesamtbevölkerung Deutschlands in höherem oder relativem Wohlstand lebten, waren es 14 Jahre später bereits 12,6 % (vgl. Tabelle 1.3). Gleichzeitig stieg jedoch auch der Anteil der Personen in relativer Armut von 9,3 % auf 10,6 % im Jahr 2005. Die Einkommensschere öffnet sich damit weiter.

Tabelle 1.3: Schichtung der Bevölkerung nach relativen Einkommenspositionen, Bevölkerungsanteile in Prozent

Relative Einkommensposition	Monatliches Haushaltsnettoeinkommen, äquivalenzgewichtet, in Prozent						
	1991	1994	1997	2000	2003	2004	2005
Höherer Wohlstand (>200 %)	4,0	3,9	3,4	3,3	4,4	4,3	4,2
Relativer Wohlstand (150-200 %)	8,2	8,3	7,6	8,9	8,1	7,8	8,4
Gehobene Einkommenslage (125-150 %)	10,9	9,6	10,1	10,9	9,6	9,9	10,1
Mittlere bis gehobene Einkomenslage (100-125 %)	17,1	18,0	18,3	15,1	17,6	16,9	16,7
Untere bis mittlere Einkommenslage (75-100 %)	25,0	27,4	28,8	30,3	25,7	26,7	26,3
Prekärer Wohlstand (50-75 %)	25,4	24,6	23,9	22,7	23,7	23,7	23,8
Relative Armut (0-50 %)	9,3	8,3	7,9	8,8	10,8	10,6	10,6

Datenbasis: SOEP 1991 – 2005. Quelle: Statistisches Bundesamt 2006: 611.

Nun ist das Ausmaß der Armut höher als es die Zahlen für die „bekämpfte" Armut erkennen lassen, denn nicht alle, die einen Anspruch auf Sozialhilfe haben, beanspruchen sie auch. Um diese *verdeckte Armut* zu ermitteln, haben Becker und Hauser (2005, Becker 2007) Schätzungen auf der Basis dreier Studien vorgenommen: Einkommens- und Verbrauchsstichprobe 1998, dem Sozio-ökonomischen Panel 1998 und dem Niedrigeinkommen-Panel von 1998/99. Demnach liegt die geschätzte Quote derjenigen Deutschen, die Sozialhilfe nicht beanspruchen, bei 34-50 %, im Mittel bei 45 %. Demzufolge waren 1998 weitere rd. 1,8 Millionen bedürftig, hochgerechnet auf das Jahr 2003 rd. 1,5 bis 2,8 Millio-

1. Problem: Einkommenspolarisierung und Armut 15

nen. Hinzukommen rd. 500.000 ausländische Bedürftige. Auf jeden Empfänger mit laufender Hilfe zum Lebensunterhalt kamen also mindestens zwei, eher drei weitere Bedürftige.

1.2 Städtische Armut

Mit der Zunahme der Arbeitslosigkeit seit Mitte der 1980er Jahre hat auch die Armut zugenommen. Zusätzlich zu einer Vielzahl von allgemeinen Publikationen über Armut in der Bundesrepublik (z.B. Andreß 1999, Balsen u.a. 1984; Breckner u.a. 1989, Döring, Hanesch und Huster 1990, Hanesch u.a. 1994, Huster 1996) gibt es eine Reihe von Veröffentlichungen, die sich mit den räumlichen Auswirkungen der Arbeitslosigkeit beschäftigen (u.a. Alisch und Dangschat 1998, Hess und Mächler 1973, Klagge 1998, 2005).

Von der Armut sind die Städte in unterschiedlichem Maße betroffen. Die durchschnittliche Sozialhilfequote betrug im Jahre 2004 in Deutschland 3,5 %. Die Spanne der Sozialhilfequoten reichte im Jahr 2004 von 12,1 % in Bremerhaven, 8,6 % in Schwerin und 8,0 % in Dortmund , 7,4 % in Mönchengladbach über 6,6 % in Leipzig und 5,5 % in Rostock bis zu 3,8 % in München und 0,8 % in Regensburg; der Wert für Deutschland insgesamt betrug 3,5 % (Statistische Ämter 2006: 13ff).

Die gestiegene Armut stellt für die Städte ein besonderes Problem dar, weil sich hohe Anteile ärmerer Bevölkerung in wenigen Stadtteilen konzentrieren. Aufgrund der steigenden sozialen Probleme legten mehrere Großstädte Armuts- oder Sozialberichte vor, u. a. Bremen (FHB 1987), Stuttgart (Landeshauptstadt Stuttgart 1990) und München (Landeshauptstadt München 1991), Hamburg (BAGS 1993) und Essen (Stadt Essen 1993), Wiesbaden (Landeshauptstadt Wiesbaden 1996), Frankfurt am Main (Bartelheimer 1997) und Köln (Stadt Köln 1998). Ihnen sind seither zahlreiche andere Städte gefolgt, u. a. Chemnitz (Stadtverwaltung Chemnitz 2005), Dresden (Landeshauptstadt Dresden 2006), Magdeburg (Landeshauptstadt Magdeburg 2002), Nürnberg (Stadt Nürnberg 2004) und Schwerin (Landeshauptstadt Schwerin 2004).

Die Armutsgebiete werden auch als „soziale Brennpunkte" oder „benachteiligte Gebiete" bezeichnet. Aufgrund fehlender anderer Indikatoren wird Armut fast ausschließlich über die Quote der Sozialhilfeempfänger gemessen („bekämpfte Armut").

Eine wichtige Beobachtung war die Zunahme der Armut in der gesamten Stadt, insbesondere aber in den bereits bestehenden Armutsgebieten (vgl. Häußermann 1997, Keller 1999, Farwick 1996, 1999, Farwick und Voges 1997, zusammenfassend: Farwick 2001). Dieser Sachverhalt ist auch für Köln nachzuweisen (Kapitel 6.11).

Die steigende Verarmung von Wohngebieten lässt sich durch drei Hypothesen erklären:
1. selektive Fortzüge: die relativ Bessergestellten ziehen aus;
2. selektive Zuzüge: statusniedrigere Personen ziehen ein oder werden durch das Wohnungsamt in Sozialwohnungen eingewiesen;
3. eine stetig zunehmende und überdurchschnittlich starke Verarmung der Bewohner in benachteiligten Wohngebieten.

Jargowsky (1997: 51) findet in seiner Studie nordamerikanischer Großstädte Belege für alle drei Hypothesen. Farwick (1996: 8, 1999: 8) hingegen zeigt sowohl für Bremen als auch für Bielefeld, dass vor allem die dritte Hypothese zutrifft. Demnach ist es die ungünstige Qualifikationsstruktur der Bewohner armer Gebiete, die immer mehr Personen arbeitslos und schließlich von der Sozialhilfe abhängig werden lässt. In einer Variante der Shift-Share-Analyse kann Farwick für beide Städte zeigen, dass die Zunahme der Armut in Armutsgebieten überproportional zur Zunahme der gesamtstädtischen Armut ist, d.h., der Struktureffekt ist wesentlich geringer als der „Shift"-Effekt", nämlich die spezifischen Bedingungen in den Armutsgebieten.

Die Hypothese der selektiven Zuzüge schließt ein, dass in Armutsgebieten ein relativ hoher Anteil öffentlich geförderter Wohnungen besteht, für die die Kommune oder eine städtische Wohnungsgesellschaft das Belegungsrecht haben. Die Einweisung von Problemfamilien bzw. Familien mit Armutsrisiken hätte eine steigende Quote von Armen zur Folge. In den Armutsgebieten Hannovers waren es 50 %, die ihre Wohnung zugewiesen erhielten (Herlyn, Lakemann und Lettko 1991: 97). Es ist allerdings umstritten, in welchem Maße einzelne Kommunen eine solche Politik verfolgen und so zu einer zunehmenden Verarmung des Gebietes beitragen. Jedoch verweist dieses Problem darauf, in die Analyse von Armutsgebieten den gesamtstädtischen Wohnungsmarkt einbeziehen zu müssen.

Mit der Zunahme der Armut in europäischen Großstädten hat es in zahlreichen europäischen Ländern Programme gegeben, die sich darauf richten, die Lebensbedingungen in benachteiligten Wohngebieten zu verbessern, dargestellt vor allem in den EU-Forschungsprojekten NEHOM (Holt-Jensen u.a. 2004) und UGIS (Vranken, de Decker und Van Niewenhuyze 2002). In Deutschland können die Programme von Hamburg und insbesondere Nordrhein-Westfalen als Vorläufer des Bund-Länder-Programms „Soziale Stadt" gelten, das von der ARGEBAU vorbereitet und im September 1999 verabschiedet wurde (vgl. DIFU 2002, 2003, IfS 2004, Walther und Mensch 2004).

Fast alle bisherigen Untersuchungen beziehen sich auf einen Zeitpunkt, sind also Querschnittsanalysen. Sofern Längsschnittdaten vorliegen, handelt es sich um wenige statistisch erfasste Merkmale, mit denen Veränderungen in den benachteiligten Gebieten beschrieben werden. Diese vorhandenen Makrodaten sind jedoch nicht geeignet, die Entwicklung von Armut auf der individuellen Ebene zu beschreiben. Was gegenwärtig jedoch völlig fehlt, sind empirische Untersuchungen benachteiligter Gebiete anhand von Panel-Daten.

In der Stadt Frankfurt am Main lassen sich folgende Phasen in der Entwicklung des Arbeitsmarktes unterscheiden: 1980 bis 1984: ein Rückgang der Beschäftigung und ein Anstieg der Arbeitslosigkeit, 1984 bis 1992 ein Anstieg der Beschäftigung und in der kurzen Phase 1987 bis 1990 ein teilweiser Abbau der Arbeitslosigkeit, schließlich seit 1992 bis 1994 eine neue Rezession (Bartelheimer 1997: 142).

1.3 Segregation und soziale Mischung

Die Analyse der Segregation ist ein zentraler Bestandteil sozialwissenschaftlicher Stadtforschung (vgl. hierzu Friedrichs 1983, Dangschat 2007). Sie richtet sich auf die räumlichen Auswirkungen sozialer Ungleichheit, z.B. der Einkommen, Bildung oder der ethnischen Zugehörigkeit. Unter Segregation ist disproportionale Verteilung sozialer Gruppen über die Stadtteile (oder andere räumliche Einheiten) zu verstehen.

Die Segregationswerte geben eine quantitative Aussage über das Ergebnis sozialräumlicher Sortierung für die gesamte Stadt. Die Indizes erlauben es, präzise Vergleiche der Segregation für verschiedene Zeitpunkte, Städte und soziale Gruppen vorzunehmen.

Ein gutes Beispiel hierfür ist die umfangreiche Studie über die ethnische Segregation in nordamerikanischen Städten 1980, 1990 und 2000 (Iceland, Weinberg und Steinmetz 2002). Das Ausmaß der Segregation lässt sich auch als *ein* Indikator dafür interpretieren, wie gut eine ethnische Gruppe integriert ist.

Eben weil die Segregationswerte sich auf die gesamte Stadt beziehen, müssen wir für eine eingehende Analyse der Stadtteile andere Maßzahlen verwenden, z.B. die Anteile einer ethnischen Gruppe. Um das zu tun, müssen wir die Analyse der Segregation in die theoretische Diskussion vor allem der jüngeren Stadtforschung einbetten. Das Problem negativer Folgen der Segregation lässt sich besser auf der Ebene der Stadtteile oder Stadtviertel als Frage nach den Folgen der *sozialen Mischung* in einem Wohngebiet formulieren. Dabei nehmen wir an, die Struktur oder Mischung sozialer Gruppen habe Effekte auf die Bewohner, und zwar unabhängig und zusätzlich zu deren individuellen Merkmalen, als *Kontext-* oder *Nachbarschaftseffekte* bezeichnet (u.a. Dietz 2000, Galster 2008, Häußermann 20003, Sampson, Morenoff und Gannon-Rowley 2002).

Obgleich solche Kontexteffekte durchgängig geringer sind als die Individualeffekte, so ist dennoch der Sachverhalt, dass Nachbarschaften einen zusätzlichen Effekt auf die Einstellung und das Verhalten der Bewohner haben, von hoher Bedeutung. Wohngebiete stellen eine Opportunitätsstruktur dar (Briggs 2005, Galster und Killen 1995), und zwar sowohl was die Infrastruktur betrifft (Geschäfte, Grünanlagen, Schulen, ÖPNV) als auch die Bewohner selbst. Beide, Infrastruktur und Bewohner, stellen Ressourcen dar. Dabei wird man davon ausgehen, dass benachteiligte Gebiete sowohl unzureichend mit infrastrukturellen Einrichtungen ausgestattet sind als auch soziale Defizite aufweisen, z.B. zu wenige Rollenmodelle des „mainstream"-Verhaltens.

Wenn die Einkommensungleichheit zunimmt, die ihrerseits zu einer stärkeren Segregation oder einer sozial-räumlichen Polarisierung führt, ist die Frage nach den Effekten des Wohngebietes auf die Bewohner noch dringlicher: Welche soziale Mischung der Bewohner eines Wohngebietes hat welche Effekte auf deren Lebenschancen? Anders formuliert: Welche Effekte hat eine räumliche Konzentration von Armen oder von ethnischen Minoritäten (Jargowsky 1996, Krummacher 2003, Massey und Denton 1993, Wilson 1987)?

Derartig formuliert, wird das Problem der sozialen und auch der ethnischen Segregation zu einem Problem geringer oder hoher sozialer Mischung (Galster 2007, Häußermann und Siebel 2001, ILS, Strohmeier und Häußermann 2003, Strohmeier und Alic 2006): Welche Effekte hat ein Wohngebiet mit einem hohen Anteil Armer, welche eines mit einem hohen Anteil von Migranten? Das eigentliche Problem sind dann solche Wohngebiete mit hohen Anteilen von Armen und/oder ethnischen Minoritäten. Bemerkenswert ist, dass sich die gesamte Diskussion über die Effekte sozial homogener Wohngebiete nur auf benachteiligte Wohngebiete bezieht, die Folgen in homogen reichen Wohngebieten demgegenüber für Sozialwissenschaftler von sehr geringem Interesse zu sein scheinen.

Das führt auf die schon von Gans (1961) formulierte Frage, wie heterogen ein Wohngebiet sein sollte, um „stabil" zu sein. Diese Frage ist bis heute sowohl ein Forschungsproblem in der Soziologie als auch ein Planungsziel in städtischen Programmen. Der sozialen Mischung der Bevölkerung werden generell positive Effekte auf die Bewohner zugeschrieben (Gans 1961: 179, Arthurson und Anaf 2006, Kleinhans 2004: 368), so z.B. die Standards unterer sozialer Schichten zu erhöhen, von der Sozialhilfe zu einer Erwerbstätigkeit zu wechseln, bessere Ausstattung des Wohngebiets aufgrund der Nachfrage der Mittelschicht-Bewohner, weniger abweichendes Verhalten.

Wenn also die soziale Mischung zu einer größeren „Gleichheit der Chancen" (Sarkissian 1976: 232) führen soll, muss auch spezifiziert werden, auf welche Weise dies geschehen kann und vor allem nach welchen Merkmalen, z.B. sozialer Status, Eigentümer-Mieter, ethnische Gruppen, Haushaltstypen. Die Literatur der Mischung erbringt keineswegs einheitliche Ergebnisse, worauf auch Goodchild und Cole 2001: 103) hinweisen. Generell kann man aufgrund der empirischen Befunde davon ausgehen, dass die Effekte der Mischung umso geringer sind, je größer die räumliche Einheit ist (Kleinhans 2004: 378). Der Grund hierfür dürfte sein, dass ein größeres Gebiet auch in sich differenzierter ist, soziale Gruppen sich räumlich absondern (können), weshalb die Chancen sinken, dass sich Bewohner/innen unterschiedlichen sozialen Status treffen und kennen lernen.

Physische Merkmale, wie z.B. der Wohnungsbestand, können die Art und das Ausmaß der sozialen Mischung beeinflussen. Dem liegt eine komplexe Wirkungskette zugrunde, wie Lupton (2003: 5) ausführt: "Physical characteristics, through their impact on population mix, lead neighbourhoods to ‚acquire' certain other characteristics, such as services, and facilities, reputation, social order and patterns of social interaction, as people and place interact".

Zahlreiche Studien belegen positive Effekte, wenn der Anteil der Wohnungseigentümer zunimmt. Eigentümer investieren mehr in ihr Eigentum wenn sie selbst darin wohnen, kümmern sich mehr um die Nachbarschaft, nehmen stärker an lokalen Aktivitäten teil, üben eine stärkere soziale Kontrolle aus und erhöhen den Wert aller Häuser im Wohngebiet (Coulson, Hwang und Imai 2003, Cox 1982, Dietz und Haurin 2003, DiPasquale und Glaeser 1999, Galster 1983, 1987, 2003, Harkness und Newman 2002, Haurin, Dietz und Weinberg 2003, Rohe und Stewart 1996, Rossi und Weber 1996, für Deutschland: Friedrichs und Blasius 2006).

Schließlich vermuten wir, es werde eine Entmischung eintreten; sie geht auf selektive Zu- und Fortzüge der deutschen und der türkischen Bewohner zurück. Diese Hypothese testen wir für die Stadtteile über die Fluktuationsquoten (Zu- und Fortzüge) sowie die Fortzugsquote der Deutschen und die der Türken.

Die Mehrzahl der Migranten, in Deutschland vor allem die türkischen, haben eine geringere Bildung, niedrigere Einkommen und ein höheres Risiko, arbeitslos zu werden (vgl. die Daten in Tabelle 2 und Statistisches Bundesamt 2006: 618). Da ihre Bindungen an die Wohngebiete höher sind (Dekker und Bolt 2005, Blasius, Friedrichs und Klöckner 2008: Kap. 5, Friedrichs und Blasius 2000: 51ff) und ihnen zudem weniger Optionen auf dem Wohnungsmarkt offen stehen, wie Drever und Clark (2002) gezeigt haben, vermuten wir, dass sie seltener die Absicht äußern, aus dem Wohngebiet fort zu ziehen. Da hingegen die deutschen Bewohner ungern in Gebieten mit einem mittleren oder gar hohen Ausländeranteil leben wollen und ihre Optionen auf dem Wohnungsmarkt größer sind, werden sie häufiger fortziehen wollen. Demnach ist eine Entmischung bislang sozial gemischter Wohngebiete zu erwarten. Wo jedoch solche Schwellenwerte („tipping points" nach Schelling 1978) liegen, ist empirisch zu bestimmen.

1.4 Polarisierung

Segregation ist nach der oben angeführten Definition ein Zustand, sie bezieht sich auf einen gegebenen Zeitpunkt. Unter Polarisierung hingegen verstehen wir einen Prozess, der sich darauf bezieht, wie sich die Einkommensverteilung oder das Ausmaß der räumlichen Verteilung von Bevölkerungsgruppen in einem Zeitraum verändert. Genauer wird damit jener Prozess bezeichnet, der von einer Normalverteilung zu einer bimodalen Verteilung führt. Das wäre z.B. dann der Fall, wenn ein großer Teil der Haushalte mit mittleren Einkommen weniger verdiente und nur ein kleiner Teil höhere Einkommen erzielt hätte. Die Mittelschicht würde sich tendenziell auflösen, hingegen nähmen die obere Mittelschicht und Oberschicht, vor allem aber die untere Mittelschicht und Unterschicht zu. Ähnlich verhielte es sich mit den Armuts- im Vergleich zu den Gebieten der Wohlhabenden in einer Stadt. Eine solche Entwicklung ist in Großbritannien von der Government Social Exclusion Unit Mitte der 1990er Jahre festgestellt worden: „the poorest five per cent of wards have more than twice the national level of unemployment and almost three times the number of children in low earning households" (Jupp 1999: 20).

Das Problem der Polarisierung ist unter anderem von Sassen (1991) behandelt worden. Sie vermutet, mit steigender Globalisierung würde sich die Verteilung der Einkommen und Berufe polarisieren. Am Beispiel von „global cities", hier: New York, London und Tokio, versucht sie zu belegen, dass durch deren Transformation zu weltweiten Steuerungszentralen Berufe im sekundären Sektor abnähmen, hingegen Berufe im tertiären Sektor (u.a. Finanzdienstleister, Rechtsanwälte, Unternehmensberater) zunähmen. Diese sind in zunehmendem Maße auf einfache Dienstleistungen angewiesen (und beanspruchen sie), diese wiederum werden von Personen mit geringer Qualifikation, oft Migranten oder Angehörigen ethnischer Minoritäten, erfüllt. Die Folgen seien eine Polarisierung der Berufs- und der Einkommensstruktur. Jedoch zeigt die unseres Erachtens einzige systematische Prüfung dieser Hypothese durch Hamnett (1994, 1996, 2002) am Beispiel von London und der holländischen Randstad, dass keine Polarisierung der Berufe, sondern eine Professionalisierung eingetreten ist. Die Einkommensunterschiede in London sind zwar aufgrund der stark gestiegenen Einkommen der höheren Einkommensgruppen größer geworden, und die Kluft zu den unteren Einkommensgruppen hat ebenfalls zugenommen, doch dies belege noch keine Polarisierung.

Die These der Polarisierung ist auch von anderen Autoren formuliert worden, sie findet sich zum Beispiel in den Beiträgen zum Band „Divided Cities" (Fainstein, Gordon und Harloe 1992) oder bei Mingione (1996). Diese, in der „new urban sociology" oder „Regulationsschule" vertretene These findet sich zugespritzt bei Marcuse (1989), der nicht von einer zwei-, sondern vier-geteilten Stadt spricht. Später (Marcuse 1996: 196f.) erweitert er diese Einteilung: es bestünde eine „residential city", die in die „luxury housing spots", „gentrified city", „suburban city", „tenement city" und „abandoned city" geteilt sei; parallel dazu eine „economic city" mit den Teilen „advanced services", „direct production", „unskilled work and informal economy" und „residual city".

In Deutschland ist diese These unter anderen von Dangschat (1999), in Beiträgen in Alisch und Dangschat (1998) und von Häußermann und Siebel (1991) aufgegriffen worden. Häußermann und Siebel (1991: 27) unterscheiden ebenfalls drei Teile der Stadt: 1. international wettbewerbsfähige Stadt, gekennzeichnet durch ein "relativ kleines Segment hoch bezahlter Spitzenkräfte, ... deren Gehälter, Karrieremuster und Lebensstile sich an internationalen Märkten orientieren", 2. die „normale" Stadt der Arbeit und Versorgung, überwiegend (deutsche) Mittelschicht und 3. die marginalisierte Stadt, Randgruppen, unqualifiziert Beschäftigte „in der Grauzone des Arbeitsmarktes bzw. dauerhaft Arbeitslosen".

2. Methoden und Daten

Die Studie richtet sich auf die 15 größten deutschen Großstädte: Berlin, Bremen, Dortmund, Dresden, Düsseldorf, Duisburg, Essen, Frankfurt/Main, Hamburg, Hannover, Köln, Leipzig, München, Nürnberg und Stuttgart. Dieses Kriterium erschien uns hinreichend, um die Auswahl zu begründen. Wir vermuten, dass die soziale und räumliche Differenzierung umso stärker ist, je größer eine Stadt ist, hier: je mehr Einwohner sie hat.

Die Datensammlung begann im Jahre 1996. Sie erwies sich in mehrfacher Hinsicht als sehr schwierig. Wir haben zunächst die Daten aus den Statistischen Jahrbüchern der Städte und – soweit vorhanden – Veröffentlichungen im Netz entnommen. Im nächsten Schritt wurden die Städte angeschrieben und gebeten, uns die Daten für die ausgewählten Merkmale zu übermitteln. Es dauerte oft Monate, bis wir die Daten erhielten, fast immer war es erforderlich, telefonisch nachzufragen. Nicht selten begegneten wir einem Misstrauen, das sich z.B. darin äußerte, zu fragen, was wir denn mit den Daten wollten, oder der Auskunft, man müsse sich beim Amtsleiter rückversichern, ob die Daten weitergegeben werden dürften. Der Amtsleiter einer Stadt hat sogar seine Kollegen in zwei anderen Städten angerufen und ihnen geraten, uns nicht zu helfen. Im Gegensatz zu der wesentlich freizügigeren Datenweitergabe in den USA oder den skandinavischen Ländern scheint in Deutschland eine Furcht zu bestehen, amtliche Daten würden von Wissenschaftlern nur gesammelt, um sie gegen die Stadt zu verwenden.

2.1 Variablen und räumliche Einheiten

Die Daten beziehen sich auf die Jahre 1990, 1995 und 2000, zum Teil auch 2005. Ursprünglich sollten auch noch die Daten für 1980 einbezogen werden, doch scheiterte dies daran, nicht für alle Städte die erwünschten Daten für 1980 erhalten zu können.

Bei der Analyse der Segregation lassen sich zwei Probleme unterscheiden:
- die Indikatoren der Segregation, z.B. Einkommen, Berufsstatus, Bildung, ethnische Zugehörigkeit,
- die räumlichen Einheiten.

Während internationale Studien auf Berufe, Einkommen oder Bildung zurückgreifen können, liegen solche Daten kleinräumig für Deutschland nicht vor. Daher wird sich die Studie auf die Indikatoren Armut und ethnischen Status, oft sogar nur: Deutsche - Migranten, beschränken müssen.

Die räumlichen Einheiten sind stets administrativ abgegrenzte städtische Teilgebiete, z.B. Ortsteile, Stadtteile, selten Stadtviertel. Wir verwenden einheitlich den Ausdruck „Stadtteile". Die Zahl der Stadtteile schwankt von Stadt zu Stadt, weshalb ein genauer Vergleich aufgrund einheitlich großer Gebiete nicht möglich ist. Selbst innerhalb einer Stadt weisen die Einheiten eine unterschiedliche Einwohnerzahl (und Fläche) auf, ein gutes Beispiel ist Hamburg.

Diese Unterschiede in der Zahl der räumlichen Einheiten sind deshalb bedeutsam, weil die Forschungen zeigen, dass mit der Zahl der räumlichen Einheiten auch das Ausmaß der Segregation zunimmt. Das ist nahe liegend, denn je kleiner die räumlichen Einheiten sind, desto homogener sind sie auch, weshalb das Ausmaß der Segregation in der Stadt höhere Werte aufweist.

Zur Messung der Segregation verwenden wir die international am häufigsten verwendeten Indizes von Duncan und Duncan (1955): den Index der Segregation (IS) und den Index der Dissimilarität (ID). Die Werte können zwischen 0 (keine Segregation) und 100 (vollständige Segregation) schwanken. Extreme Werte von IS = 98 berichtete Christopher (1994: 129, 2005) für Cape Town in der Zeit der Apartheid. Werte um ID = .70 bis .80 werden durchgängig für die sozialräumliche Trennung von Schwarzen und Weißen in den nordamerikanischen Städten berichtet (u.a. Iceland, Weinberg und Steinmetz 2002, Jargowsky 1997, Massey und Denton 1993, Wilson 1987), vergleichsweise niedrige von IS = 25-35 für die Verteilung von Deutschen und Migranten (Friedrichs 1998, 2008, Glebe 1997, Musterd, Ostendorf und Breebaart 1998).

Die Forschungen zur Segregation haben gezeigt, dass das Ausmaß der Segregation mit der Zahl der einbezogenen Teilgebiete steigt. Je mehr Teilgebiete einbezogen werden, desto kleiner und damit in sich homogener sind sie – entsprechend ist der Indexwert für die Segregation höher. Deshalb haben wird versucht, für jede Stadt die Daten für eine möglichst kleinräumliche administrative Einheiten zu erhalten, um so die Werte zwischen den Städten vergleichen zu können (Tabelle 2.1). Da die Abgrenzungen in den Städten sehr unterschiedlich und die Daten nicht immer für die jeweils kleinsten Einheiten verfügbar waren, sind die Werte zwischen den Städten nur begrenzt vergleichbar.

Tabelle 2.1: Ausgewählte Städte und deren räumliche Einheiten

Stadt	Räumliche Einheiten	Durchschnittliche Größe (Bevölkerungszahl)
Berlin	23 alte Bezirke	149.254
Bremen	23 Stadtteile	23.770
Dortmund	62 Statistische Bezirke	9.591
Dresden	64 Statistische Bezirke	7.475
Duisburg	46 Stadtteile	11.332
Düsseldorf	49 Stadtteile	11.700
Essen	50 Stadtteile	12.155
Frankfurt/Main	46 Stadtteile	14.075
Hamburg	105 Stadtteile	16.215
Hannover	51 Stadtteile	10.247
Köln	85 Stadtteile	11.907
Leipzig	63 Ortsteile	8.130
München	106 Stadtbezirksteile	11.947
Nürnberg	87 Statistische Bezirke	5.672
Stuttgart	23 Stadtbezirke	25.795
N=	883 Einheiten	

2. Methoden und Daten

Um die im ersten Kapitel formulierten Annahmen zu testen, wurden folgende Variablen einbezogen, jeweils für die vier Zeitpunkte 1990, 1995, 2000 und 2005, sowie für die jeweiligen lokalen administrativen Einheiten:
- Bevölkerungszahl
- Ausländerzahl
- Arbeitslosenquote
- Anzahl Sozialhilfeempfänger
- Anzahl Wohnungen
- Anzahl Sozialwohnungen
- Zuzüge insgesamt
- Zuzüge Deutsche
- Zuzüge Nichtdeutsche
- Fortzüge insgesamt
- Fortzüge Deutsche
- Fortzüge Nichtdeutsche
- Anteil Sozialhilfeempfänger (an allen Bewohnern)
- Ausländeranteil (an allen Bewohnern)
- Anteil Sozialwohnungen (an allen Wohnungen)
- Entwicklung Gesamtbevölkerung (Zuzüge-Fortzüge)
- Entwicklung Deutsche (Zuzüge-Fortzüge)
- Entwicklung Ausländer (Zuzüge-Fortzüge)
- Veränderung Ausländeranteil zwischen 1990 und 2005 in Prozentpunkte
- Veränderung Sozialhilfeempfängeranteil zwischen 1990 und 2005 in Prozentpunkte
- Fluktuationsquote (% Umzüge an Bevölkerung)

Die jeweiligen Angaben der „Arbeitslosendichte" wurden zum Teil direkt den Quellen entnommen, weitaus häufiger allerdings selbst errechnet, da die angestrebte interkommunale Vergleichbarkeit der Daten eine einheitliche Datenqualität erforderlich machte. Da die Berechnung der „Arbeitslosenquote" nicht einheitlich formell definiert ist oder auf einem Konsens über die anzuwendende Methodik basiert, sondern vielmehr von Stadt zu Stadt unterschiedlich ermittelt wird, haben wir zu Beginn der Datensammlung die mathematische Funktion der Berechnung der Arbeitslosendichte festgelegt. Die hier abgebildeten Dichteangaben bezeichnen jeweils den Anteil der Arbeitslosen einer administrativen Einheit an der Bevölkerung im Alter zwischen 15 und 65 Jahren, also der gemeinhin als „arbeitsfähige Bevölkerung" bezeichneten Bevölkerungsgruppe. In diese qua Alter abgegrenzte Bevölkerungsgruppe fallen also auch alle Schüler im angegebenen Alter, Studenten, Hausfrauen, Frührentner, aber auch Personen, welche nicht den Status eines sozialversicherungspflichtig Beschäftigten ausüben, wie z. B. Selbstständige.

Andere Berechnungswege setzen andere Angaben in Beziehung zueinander. Die Unterschiede scheinen zunächst nicht so gravierend zu sein, doch bei näherer Betrachtung von Fallbeispielen erkennt man die zum Teil große Diskrepanz zwischen den Angaben. Die Stadt Essen beispielsweise weist in der vorliegenden Studie eine Arbeitslosendichte von 11,4 % im Jahr 2005 auf. Dies bedeutet, dass die absolute Zahl an Arbeitslosen einem Anteil an der Bevölkerung im Alter zwischen 15 und 65 Jahren von 11,4 % entspricht. Die Bundesagentur für Arbeit veröffentlicht für die Stadt Essen eine Arbeitslosenquote von

16,3 % (Arbeitslosenquote bezogen auf alle Erwerbspersonen) bzw. von 17,9 % (Arbeitslosenquote bezogen auf abhängige Erwerbspersonen).
Der erste Wert errechnet sich wie folgt:

$$\text{Arbeitslosenquote (auf der Basis aller ziv. EP)} = \frac{Arbeitslose}{alle\,ziv.ET + Arbeitslose} \times 100$$

Alle zivilen Erwerbstätigen (alle ziv. ET) bilden die Summe aus den abhängigen zivilen Erwerbstätigen sowie Selbständigen und mithelfenden Familienangehörigen. Quoten auf der Basis aller zivilen Erwerbspersonen sind seit 1994 auch für Länder verfügbar, seit 1997 für Arbeitsämter bzw. Arbeitsagenturen und ihre Geschäftsstellen. Entsprechende Quoten für Männer und Frauen gibt es seit 1995, allerdings nur für das Bundesgebiet und die Bundesländer.

Der zweite Wert errechnet sich wie folgt: Arbeitslosenquote, bezogen auf die abhängigen zivilen Erwerbspersonen; wobei der Nenner nur die abhängigen zivilen Erwerbstätigen (abh. ziv. ET) enthält, d.h. die Summe aus sozialversicherungspflichtig Beschäftigten (einschl. Auszubildende), geringfügig Beschäftigten, Personen in Arbeitsgelegenheiten (Mehraufwandvariante) und Beamten (ohne Soldaten). Daraus ergibt sich die Formel:

$$\text{Arbeitslosenquote (auf der Basis der abh. ziv. EP)} = \frac{Arbeitslose}{abh.ziv.ET + Arbeitslose} \times 100 \ .$$

2.2 Klassifikation der Städte

Wir gehen davon aus, eine günstige wirtschaftliche Entwicklung einer Stadt verringere die Armutsquoten. Um die Städte nach ihrer Wirtschaftkraft zu klassifizieren, greifen wir auf eine Cluster-Analyse von Pohlan und Wixforth (2005) zurück, die sich auf insgesamt 111 kreisfreie Städte richtet.[2] In ihre Klassifikation gingen folgende Variablen ein:
- Prozentuale Bevölkerungsentwicklung 1995-2002,
- Prozentuale Entwicklung der über 64-Jährigen 1995-2002,
- Prozentuale Entwicklung der sozialversicherungspflichtig Beschäftigten 1995-2002,
- Bruttowertschöpfung je Einwohner in 2002,
- Zahl der Sozialhilfeempfänger je 1.000 Einwohner in 2002.

Ferner wurde eine vergleichende Analyse der kommunalen Haushalte vorgenommen. Zur Klassifikation wurde das Verfahren der Clusteranalyse gewählt, die auf eine Lösung mit sechs Clustern führte. Diese Lösung wurde durch eine Diskriminanzanalyse überprüft und korrigiert (ebenda: 27). Die sechs Cluster lauten:

C1: Wirtschaftsschwache Nord-West-Städte – schrumpfend (*Berlin*, *Bremen*, Leipzig)
C2: Demographisch begünstigt – Beschäftigtenabbau (Dortmund, Dresden)
C3: Schrumpfend – günstige Beschäftigtenentwicklung (Duisburg, Essen, *Hannover*,

---

[2] Ausgenommen wurden die „untypischen" Fälle Berlin, Hamburg, Bremen und Bremerhaven, da bei diesen der „Gemeindeanteil" des Gesamthaushaltes z. T. nicht exakt zu bestimmen sei. Da das Saarland keine kreisfreien Städte hat, wurde es ebenfalls nicht berücksichtigt. Hannover wurde ausgeschlossen, da im Jahre 2001 die „Region Hannover" als öffentlich-rechtliche Gebietskörperschaft gegründet wurde und viele Statistiken seitdem nicht mehr für die Kernstadt Hannover separat ausgewiesen werden. Auch die Stadt Eisenach blieb unberücksichtigt, da sie im Jahre 1995 noch nicht den Status einer kreisfreien Stadt besaß.

Köln)
C4: Wirtschaftsstarke Städte – prosperierend (Düsseldorf, Frankfurt am Main, *Hamburg*, München, Nürnberg, Stuttgart)
C5: Ostdeutsche Städte – extrem kumulierte Problemlagen
C6: Ostdeutsche Städte – überalternd und Arbeitsmarktprobleme.

In ihrer Studie wurden Hamburg, Berlin, Bremen und Hannover nicht berücksichtigt. Wir haben diese Städte nach den oben aufgeführten Kriterien den Clustern hinzugefügt (kursiv gesetzt). In diesem Ansatz werden den Städten in den einzelnen Clustern unterschiedliche Entwicklungschancen zugeordnet, gemessen an ökonomischen und demographischen Indikatoren. Ordnet man die Cluster auf einem Kontinuum von ungünstiger zu günstiger Entwicklung, so ergibt sich folgende Anordnung: C5 – C6/C1 – C2 – C3 – C4.

Wir nehmen an, die Wachstumsbedingungen und -aussichten hätten einen Einfluss auf die Lebenschancen der Einwohner. Unsere Annahme lautet: Jedes Cluster stellt einen je anderen Kontext dar; dieser hat einen Effekt auf a) das Ausmaß der Armut, b) die kleinräumliche Verteilung von Armut und c) die Entwicklung von Armut und Armutsgebieten.

Sowohl von der Polarisierung als auch der Segregation nehmen wir an, sie nähmen in einer Stadt zu, je besser deren Wachstumsbedingungen sind. Unsere generelle Annahme lautet daher: Je größer die soziale Differenzierung, desto größer ist auch die räumliche Differenzierung. Eine weitere Frage ergibt sich hieraus: Welche Entwicklungen zeichnen sich in den mittleren Clustern, vor allem C6 und C2 ab? Nehmen dort Segregation und Polarisierung zu? Die gleichen Fragen stellen sich, wenn man die Klassifikation der BBR zugrunde legt (Anhang A1).

2.3 Das Problem der Einbürgerungen

Ein besonderes Problem bei der Analyse der ethnischen Segregation stellen die Einbürgerungen und doppelten Staatsbürgerschaften („Doppelstaater") dar. Zunächst ist festzustellen, dass die Zahl der Einbürgerungen von rund 100.000 im Jahre 1990 auf 314.000 im Jahre 1995 angestiegen ist und von da an kontinuierlich auf 117.000 im Jahre 2005 gesunken ist (vgl. Tabelle 2.2). Bis in die Mitte der 1990er Jahre machen die Einbürgerungen der größten Minorität, der Türken, nicht mehr als 10 % aller Einbürgerungen aus. (Vgl. zu diesem Problem Salentin und Wilkening 2003.)

Tabelle 2.2: Einbürgerungen 1990, 1995, 2000 und 2005

Jahr	Insgesamt	davon: Türken		Ausländer-Anteil	davon: Polen, Rumänen, ehem. SU
		absolut	%		
1990	101.377	2.034	2,0	31,7	79,0
1995	313.606	31.578	10,1	28,1	75,6
2000	186.688	82.861	44,4	27,4	8,2
2005	117.241	32.661	27,9	26,1	11,7

Quellen: Statistisches Jahrbuch für die Bundesrepublik Deutschland 1993: 72-73;
1997: 67-68; 2002: 65-66; 2006: 48; destatis.de/basis/d/bevoetab12.php.

Die höchsten Anteile an Einbürgerungen mit über 75 % entfielen auf Polen, Rumänen und Bürger der ehemaligen Sowjetunion. Das hat zur Folge, dass wir die Zahl der Ausländer oder Personen mit Migrationshintergrund in den Analysen unterschätzen. Das wäre für die Analysen jedoch nicht dramatisch, wenn Einbürgerungen und Doppelstaater sich systematisch anders auf die Stadtgebiete verteilten als die sonstige nicht-deutsche Bevölkerung. Wir haben dies am Beispiel der Stadt Essen testen können. Es geht hierbei um die Veränderungen in den Verteilungen der Doppelstaater und der nicht-deutschen Bevölkerung im Jahre 1991 und 2004 sowie die Veränderung in den Anteilen zwischen beiden Zeitpunkten.

Wenngleich dies keine zufrieden stellende Analyse möglicher systematischer Fehler ist, so kann man doch zumindest davon ausgehen, dass die Verteilung Nicht-deutscher und Doppelstaater sehr ähnlich sind und wir es für wahrscheinlich halten können, dass dies auch für die Verteilung der Einbürgerung gilt. Um diesen Sachverhalt näher zu untersuchen, haben wir für mehrere Städte die Korrelationen zwischen den Migrantenanteilen 1995 und 2005 berechnet. Würden sich die Einbürgerungen ungleich über die Wohngebiete verteilen, so wäre dies eine Ursache für niedrigere Korrelationen.

Am Beispiel der Stadt Essen, für die die erforderlichen Daten publiziert wurden, können wir zeigen, wie sich die Bevölkerung nach Deutschen und Nicht-Deutschen aufteilt (Abbildung 2.3). Im Jahre 1991 haben 15 % der Einwohner einen Migrationshintergrund, von ihnen wiederum sind 22 % Doppelstaater und 78 % Personen, die nur eine nichtdeutsche Staatsangehörigkeit haben; 2004 hat sich der Anteil der Doppelstaater auf 38 % erhöht.

Abbildung 2.3: Bevölkerungsaufbau der Stadt Essen, 31.12.1991 und 31.12.2004 (kursiv)

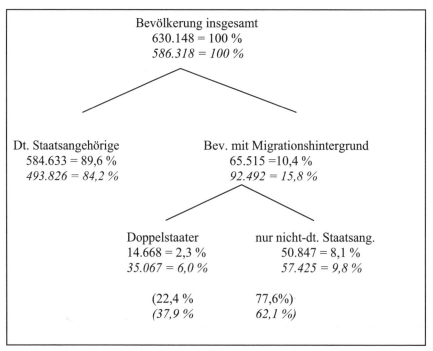

Quelle der Daten: Stadt Essen 2007: 12.

2. Methoden und Daten

Wenn, wie in Essen, die Doppelstaater 6 % der Bevölkerung ausmachen, dann hat dies einen Einfluss auf die Messung der Segregation – wir unterschätzen vermutlich geringfügig das Ausmaß der Segregation. Wir haben außerdem untersucht, ob die Einbürgerungen oder Doppelstaater sich ungleich über die Wohngebiete verteilen. Wäre das der Fall, so ließe sich nicht mehr entscheiden, ob zeitliche Veränderungen der IS-Werte auf substantielle Gründe oder aber auch auf eine ungleiche Verteilung der Eingebürgerten (und/oder der Doppelstaater) zurückgehen.

Für Köln 2006 liegen nun Daten vor, die es erlauben, die Verteilung der Anteile von Eingebürgerten und von Migranten (jeweils bezogen auf alle Stadtteile = 100 %) zu untersuchen. Nur in wenigen Stadtteilen liegt der Anteil der Eingebürgerten stark über oder unter dem Anteil der Migranten, Die Korrelation beider Anteile beträgt r=.98, ebenso hoch ist die Korrelation der absoluten Werte. Obzwar wir diese Analyse für andere Städte nicht vornehmen können, nehmen wir die Ergebnisse von Essen und Köln als Hinweis darauf, dass die Einbürgerungen und Doppelstaater die Analysen der Segregation nicht verzerren; vielleicht aber die IS-Werte geringfügig zu niedrig sind.

3. Soziale Segregation

Die erste systematische Studie zur Deindustrialisierung wurde in den USA von Bluestone und Harrison (1962) durchgeführt. In ihr werden bereits die zentralen Befunde und Annahmen über diesen Prozess formuliert: Es tritt ein Abbau von Arbeitsplätzen im Produzierenden bzw. Verarbeitenden Gewerbe ein, verursacht zum einen durch Innovation im Produktionsprozess, zum anderen durch die Verlagerung von Arbeitsplätzen in Länder mit niedrigeren Lohnkosten. Die Qualifikationen, die von Erwerbstätigen im tertiären Sektor gefordert werden, sind im Durchschnitt höher als die des sekundären Sektors. Daher kommt es in den Städten zu einem „demographic-spatial mismatch": Die angebotenen Qualifikationen der Arbeitnehmer entsprechen nicht den nachgefragten der Unternehmen (vgl. dazu für die BRD: Ehlers und Friedrichs 1986, Kasarda und Friedrichs 1985).

Dieser Prozess dauert bis heute an. Er wurde und wird verschärft durch eine zunehmende Globalisierung, d.h. weltweite Verflechtung ökonomischer Aktivitäten. Das Besondere gegenüber früheren transnationalen Verflechtungen sind die erheblich gesteigerten Kommunikations- und Transporttechnologien. Zudem entstehen mehr transnationale Unternehmen (vgl. Dicken 1998: 120ff, 189ff), unter anderem mit der Folge, dass der internationale Wettbewerb sie zwingt, auf nationale Interessen (z.B. Versteuerung von Gewinnen) oder Verpflichtungen der Kommune gegenüber zu verzichten. Eine weitere Folge sind Kündigungen von Arbeitnehmern und die Stilllegung ganzer Produktionsstätten. Liegen die Wohnstätten der Beschäftigten in der Nähe der Produktionsstätte, so werden einzelne Stadtteile in dramatischer Weise von Arbeitslosigkeit betroffen, z.B. im Ruhrgebiet bei der Schließung von Montanbetrieben oder in Köln-Kalk durch die Schließung der Chemischen Fabrik Kalk. Es ist nicht anzunehmen, dieser Prozess werde in den nächsten Jahren zum Stillstand kommen.

Geht man von der Annahme aus, die ökonomische Entwicklung einer Stadt habe erhebliche Einflüsse auf die demographische Entwicklung (und nicht umgekehrt), dann kommt der Deindustrialisierung eine erhebliche Bedeutung zu. Sowohl das demographische Modell von Rust (1975) als auch die sozio-ökonomischen Modelle von Richardson (1978) und Friedrichs (1993) gehen von zunächst ökonomischen Veränderungen, einem Rückgang der Arbeitsplätze, aus. Den theoretischen Kern bilden folgende Annahmen:

1. Je weniger diversifiziert die Branchenstruktur einer Stadt, desto größer ist das Risiko eines Niedergangs.
2. Je standardisierter die Produktion, desto eher kann sie an Standorte niedriger Lohnkosten verlagert werden.
3. Der Niedergang führt zu einer selektiven Abwanderung insbesondere höher qualifizierter Arbeitskräfte.
4. Durch anhaltende Arbeitslosigkeit entsteht ein Ungleichgewicht zwischen den Einnahmen der Stadt und den kommunalen Leistungen. Damit sinkt die Attraktivität der Stadt.

5. Indikatoren des Niedergangs sind: Abnahme der Einwohnerzahl, Anstieg des Durchschnittsalters, ansteigende Arbeitslosen- und Sozialhilfequoten, sinkendes Pro-Kopf-Einkommen, sinkende Steuereinnahmen, höhere öffentliche Ausgaben für die soziale und technische Infrastruktur pro Einwohner, sinkende Investitionsmittel.

Das Modell des städtischen Niedergangs von Rust endet mit einem neuen Gleichgewicht einer schrumpfenden Stadt. Das Modell von Richardson hingegen sieht kein neues Gleichgewicht vor – die Stadt gerät in eine Abwärtsspirale von sinkender Zahl von Arbeitsplätzen, Abwanderung der Bevölkerung und sinkenden Steuereinnahmen, steigenden Kosten für die Infrastruktur und geringeren Investitionsmitteln. Obgleich diese Modelle nicht neu sind, erscheinen sie uns sehr hilfreich, die mögliche Entwicklung unterschiedlicher Städte zu untersuchen.

Der wirtschaftliche Strukturwandel der Städte von Berufen im Produzierenden Gewerbe zu Dienstleistungen ist in allen Städten noch immer zu beobachten; dieser Prozess ist keineswegs abgeschlossen. Neben konjunkturellen Problemen hat er dazu beigetragen, dass sich die Zahl der Arbeitslosen seit den 1990er Jahren bis zum höchsten höchsten Wert 2005 ständig erhöht hat. Auch dort, wo die Zahl der Arbeitsplätze im tertiären Sektor gestiegen ist, so z.B. die der Büroarbeitsplätze in Frankfurt/Main, hat diese Entwicklung die Migranten benachteiligt, (deutsche) Frauen jedoch begünstigt (Frankfurt 1997: 198).

Es ist offenbar nicht so, dass wirtschaftliches Wachstum kurzfristig und wahrscheinlich auch nicht einmal mittelfristig die Zahl der Arbeitslosen und Sozialhilfeempfänger verringert. Der „mismatch" zwischen angebotenen und nachgefragten Qualifikationen führt dazu, dass die zumeist niedrigen Qualifikationen der Arbeitslosen nicht nachgefragt werden. Diese Entwicklung konnte bereits in den späten 1980er Jahren in Westdeutschland nachgewiesen werden (Kasarda und Friedrichs 1985).

Zu Recht schreiben die Verfasser des Frankfurter Berichts: „Nur wenn der Strukturwandel mit einer Ausweitung der Erwerbsarbeit und einer hohen Ausschöpfung des Erwerbspersonenpotenzials einhergeht, werden aber die Grenzen zwischen Teilarbeitsmärkten für Männer und Frauen verschiedener Nationalität, Berufsgruppen und Qualifikationsniveaus so durchlässig, dass die Verlierer des Strukturwandels an anderer Stelle wieder in Arbeit kommen können" (S. 159). Erschwerend kommt hinzu, dass die Arbeitsplatzgewinne, z.B. in Frankfurt im Zeitraum 1980 bis 1995, im Rhein-Main-Gebiet lagen (7,3 %), Frankfurt jedoch 0,2 % verlor. Wie die nordamerikanische Forschung zeigt, ist es für einkommensschwache Haushalte, die ja zumeist in innerstädtischen Wohngebieten wohnen, schwierig, die Arbeitsplätze im Umland zu erreichen, weil viele von ihnen nicht über einen eigenen PKW verfügen.

In Berlin nahm die Arbeitslosenquote im Zeitraum 1991 bis 1998 erheblich zu. Setzt man 1991 = 100, so betrug der Wert für die Arbeitslosen 1998 insgesamt 152, für die Ausländer alleine jedoch 239 (Meinlschmidt und Brenner 1999: 83).

Von der Arbeitslosigkeit sind Migranten stärker als Deutsche betroffen, da ein höherer Anteil von ihnen schlechter qualifiziert ist. Arbeitslosigkeit ist aber, wie schon im Kapitel 1 ausgeführt, eine der wesentlichen Ursachen für Sozialhilfe. Das Risiko erhöht sich mit steigender Dauer der Arbeitslosigkeit, wie die Grafik in Abbildung 3.1 am Beispiel Münchens zeigt.

3. Soziale Segregation

Abbildung 3.1: Dauer der Arbeitslosigkeit 2004, München

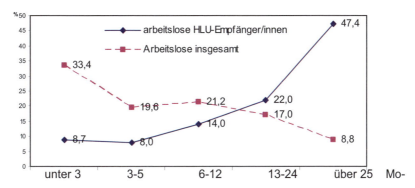

Quelle: Stadt München, Münchener Armutsbericht – Fortschreibung 2004: 28.

Abbildung 3.1 zeigt, dass ein sehr großer Teil derjenigen Sozialhilfeempfänger/innen, die bis zu zwei Jahren arbeitslos waren, nach diesem Zeitpunkt noch wesentlich länger arbeitslos sind, während bei den Arbeitslosen insgesamt sehr viel weniger zwei Jahre und länger arbeitslos bleiben. Die Unterschiede lassen sich vermutlich durch die Annahmen von Buhr (1995: 174ff.) erklären. Sie führt fünf Typen von Personen auf, die Sozialhilfe beziehen, zwei davon dürfte die Abbildung enthalten: die „bewussten Langzeitbezieher" und die „resignierten Langzeitbezieher". Zu ähnlichen Ergebnissen kommt auch der Frankfurter Sozialbericht (Bartelheimer 1997: 123).

Die wichtigste Ursache, Sozialhilfe beziehen zu müssen, ist eine vorangegangene Arbeitslosigkeit. Es sind aber auch unzureichende Versicherungs- und Versorgungsansprüche, Krankheit sowie – bei Migranten stärker als bei Deutschen – unzureichende Erwerbseinkommen (Frankfurt 1997: 127). Die Stadt München führt die steigende Zahl der Sozialhilfeempfänger hauptsächlich auf die Zunahme der Arbeitslosen zurück, die zwischen 1980 und 1985 um 26 % zugenommen hat (Landeshauptstadt München 1991: 130).

Durchgängig zeigt sich, dass in allen Städten die Quote der Sozialhilfeempfänger/innen unter den Ausländern höher ist als unter den Deutschen. So weist Frankfurt eine HLU-Quote der Deutschen von 3,9 % und der Ausländer von 4,4 % im Jahre 1985 auf, fast 10 Jahre später, 1994, haben sich die Quoten auf 5,0 % und 10,8 % erhöht. Überraschend hoch ist bei den Ausländern die Altersarmut: In Frankfurt/Main bezogen von den über 65-Jährigen Deutschen 2,5 % Sozialhilfe, von den Ausländern aber 17,3 % (1994). Die Ursache hierfür dürfte darin zu sehen sein, dass ein großer Teil der Migranten keine Rentenansprüche hat. Dies trifft für 3/5 der Migranten, die Sozialhilfe bezogen, in Frankfurt im Jahre 1993 zu. (Bartelheimer 1997: 116, 141).

Von 1985 bis 1994 nahm die Zahl der Sozialhilfeempfänger unter den Kindern (0-7 Jahre) bei den Deutschen um 67,0 % zu, bei den Ausländern hingegen um 253 %; die Zunahme für alle Altersgruppen betrug 27 % gegenüber 233 % (Bartelheimer 1997: 135).

In München betrug 2004 der Anteil Armer in der Gruppe der über 65-jährigen 33 von 1000 Einwohnern, bei den Ausländern jedoch 237 von 1000 Einwohnern. Bei den Ausländern sind dies mehr Frauen als Männer (Landeshauptstadt München 2004: 20, 24).

In München nahm die Zahl der Sozialhilfeempfänger von 1980 bis 1989 von 26.276 auf 45.628 Empfänger/innen zu, also um ca. 80 %. Die Sozialhilfedichte bei den Deutschen stieg von 25 auf 33, die der Ausländer von 27 auf 48, bezogen auf 1000 Einwohner der gleichen Gruppe (Landeshauptstadt München 1990: 132).

Von 1980 bis 1992 nahm die Dichte bei den Deutschen von 25 auf 32, bei den Ausländern (ohne Asylbewerber) von 27 auf 104 zu (München 1992: 10). Im gleichen Zeitraum ist der Aufwand für HLU von 26.279 DM auf 238.181 DM, also um ca. 800 % gestiegen (Landeshauptstadt München 1992: 5).

Von 1995 bis zum Jahre 2004 ist die Sozialhilfedichte bei den Deutschen von 26 auf 29 gestiegen, bei den Ausländern von 38 auf 64. Das heißt, der Wert für die Ausländer betrug 1995 das 1,5-fache des deutschen Wertes, 2004 jedoch das 2,2-fache (Landeshauptstadt München 2004: 19).

In Frankfurt am Main betrugen die Kosten der sozialen Sicherung im Jahre 1987 630 Mio. DM, im Jahre 1995 1.420 Mio. DM. Der Nettozuschussbedarf, der für diese soziale Sicherung zu leisten war, stieg von 457 Mio. DM auf 982 Mio. (Bartelheimer 1997: 107).

3.1 Mietbelastung

Die zunehmende Einkommensungleichheit hat sehr wahrscheinlich auch zu einer Spreizung der Höhe der Mieten und damit für Haushalte mittleren und niedrigen Einkommens zu einer höheren Mietbelastung geführt. Dieser Sachverhalt lässt sich an den Ergebnissen der Untersuchungen in mehreren Städten belegen. Nach einer Bürgerbefragung im Jahre 1995 in Frankfurt/Main zahlten 19 % der Haushalte mehr als 40 % des Haushaltsnettoeinkommens für die Miete; bei den Alleinstehenden waren dies 31,4 % (Bartelheimer 1997: 269).

Ferner zeigte sich in Frankfurt, dass die Wohngeldbezieher unterversorgt waren. Auch Haushalte, die Sozialhilfe bezogen, wohnten häufiger beengt als andere Haushalte, die nur Wohngeld beziehen. „Die Mieten der Sozialhilfeempfänger überschritten in 81 % die Höchstgrenzen des Wohnungsgeldgesetzes, was aber nur knapp bei der Hälfte der Bezieher von Tabellenwohngeld der Fall ist" (Bartelheimer 1997: 265).

Auch der Münchener Armutsbericht (München 1990: 13) spricht von einer hohen Belastung der Haushalte durch die Miete. Es zeigt sich zudem die bekannte negative Korrelation von Mietbelastung und Einkommenshöhe: Bei den Haushalten niedrigen Einkommens werden bis zu 61 % des Haushaltsnettoeinkommens für die Miete aufgewandt. Auch der neuere Sozialbericht der Stadt München (1992: 22) berichtet über die hohen Mietbelastungen trotz des Wohngeldes. In der Gruppe der Haushalte, die keine Sozialhilfe beziehen, haben auch nach Abzug des Wohngeldes im Durchschnitt 34 % der Haushalte eine Mietbelastung von 34 %, ein Viertel von diesen sogar von 35 bis 49 %. Es bleibt rund ein Viertel der Haushalte, die auch nach dem Erhalt von Wohngeld 50 % und mehr des Haushaltsnettoeinkommens für die Miete (brutto kalt) aufwenden müssen: „Das heißt also, dass das Wohngeld die finanzielle Situation verbessert, die Haushalte aber noch nicht aus der Armut führt" (S. 39).

Aufschlussreich ist hier das Beispiel München. Unter den Bedingungen eines wirtschaftlichen Wachstums und einer zunehmenden Zahl von Arbeitsplätzen reicht der Wohnungsneubau nicht aus, um ein angemessenes Angebot bereit zu stellen. Das hat zum einen eine Flächenexpansion zur Folge, die ihrerseits zu einer Knappheit von Flächen für den

3. Soziale Segregation

Wohnungsbau führt. Gleichzeitig führt der zu geringe Neubau, das heißt das unzureichende Angebot, zu einem Druck auf die Wohnungsbestände, so dass die Mieten steigen. Diese erhöhte Mietbelastung führt zu einem Verdrängungswettbewerb, in dem alle vom Boom nicht profitierenden Gruppen, z.B. Arbeitslose, Erwerbslose, Alleinerziehende und gering verdienende Familien ausgeschlossen werden, da ihre Einkommen und/oder Einkommenszuwächse nicht ausreichen, die erhöhten Mieten zu tragen (Landeshauptstadt München 1994: 19).

Die Probleme benachteiligter Haushalte haben sich dadurch erhöht, dass die Zahl preiswerter Wohnungen in allen Städten abgenommen hat. Mit dem Fortfall der Gemeinnützigkeit haben viele kommunale Wohnungsbaugesellschaften ihre Hypotheken vorzeitig abgelöst und die Wohnungen privatisiert. Außerdem ist der Neubau an Sozialwohnungen in keiner Weise ausreichend gewesen, um die steigende Zahl benachteiligter oder armer Haushalte zu versorgen. So konstatiert die Stadt Frankfurt am Main für das Jahr 1995 einen Wohnungsfehlbestand von 45.600 Wohnungen. In München ist die Zahl der Wohnungen mit kommunalem Belegungsrecht von rund 100.000 im Jahre 1996 auf 80.000 im Jahre 2005 gesunken. Im gleichen Zeitraum sank die Zahl neu errichteter Sozialwohnungen von 1.427 auf 631 (Landeshauptstadt München 2006b: 18).

Eine Barriere dafür eine Wohnung zu erhalten, stellen die Wohnungsbesitzer dar. Sie lassen sich bei der Auswahl der Bewerber von „Vermutungen über Vertragstreue und Sozialverträglichkeit sowie von subjektiven Vorurteilen leiten" (Bartelheimer 1997: 277). Eine Befragung der Frankfurter Makler erbrachte, dass Ausländer, Wohngemeinschaften, Großfamilien, Alleinerziehende und Studenten bei ihren Bewerbungen um eine Wohnung weniger erfolgreich sind (ibid.).

3.2 Folgen der Sozialhilfe

Der Bezug von Sozialhilfe hat eine ganze Reihe negativer Folgen für die Mitglieder des Haushaltes: Konflikte in der Familie, Abhängigkeit von Institutionen, Konfrontationen mit einer „heilen Welt", die zur Demotivation führen kann und dann zu einem Rückzug von Kontakten und Isolierung. Dies zeigen die Ergebnisse der Analysen von Andreß (1999), ebenso die Interviews in der Gießener Studie (Meier, Preuße und Sunnus 2003); hier wird auch ein Experte zitiert, der das Familienleben solcher armer Haushalte als „gemeinsame Bewältigungsstrategie" beschreibt (ibid.: 105).

Das ist auch die zentrale These von Wilson (1987): Bewohner armer Gebiete seien sozial isoliert und würden sich zudem isolieren. Die psycho-sozialen Folgen können ferner darin bestehen, sich eher fremd- als selbstbestimmt zu sehen (Ross, Mirowsky und Pribesh 2001, vgl. House 2002) und gesundheitliche Probleme zu haben. Wie viele empirische Studien gezeigt haben, sind Personen umso gesünder, je höher ihr sozialer Status ist (u.a. Jungbauer-Gans 2006, Mielck 2000, Robert 1999); da aber in benachteiligten Wohngebieten viele Bewohner/innen einen niedrigen sozialen Status haben, sind überdurchschnittlich viele gesundheitliche Probleme zu erwarten; diese werden noch dadurch verstärkt, dass Stresserlebnisse, wie z.B. der Verlust des Arbeitsplatzes, die Krankheitsrisiken erhöhen.

Wir können ferner davon ausgehen, dass benachteiligte Wohngebiete, also solche mit einem hohen Anteil von Sozialhilfeempfängern, auch eine höhere Luftverschmutzung aufweisen, was wiederum zu höheren Morbiditätsraten führt, wie Wolf (2002) am Beispiel der räumlichen Verteilung von Erkrankungen an chronischer Rhinosinusitis in Köln gezeigt hat.

Anhand der Daten der Stadt Berlin lässt sich auch der Zusammenhang zwischen Sozialstruktur und Gesundheit der Bewohner belegen. Gruppiert man die Stadtteile nach ihrem sozialen Status zu einem „Sozialindex", so lässt sich dieser Sozialindex mit verschiedenen Indikatoren der Gesundheit in Beziehung setzen. Je niedriger dieser Index ist, desto höher ist die vorzeitige Sterblichkeit, desto geringer ist die Lebenserwartung, desto höher sind die Säuglingssterblichkeit und die Tuberkuloserate (Meinlschmidt und Brenner 1999: 100, 103, 105, 117).

3.3 Die Entwicklungen in den Städten

Die Abbildungen 3.2 bis 3.29 zeigen die Anteile der Sozialhilfeempfänger in den Stadtteilen der 15 Großstädte zu zwei Zeitpunkten, für 1990 und 2005, sofern die Daten verfügbar waren. Die Klassifikation beruht auf den Daten von 1990; sie gilt für alle Städte und Zeitpunkte, um Vergleiche zu ermöglichen. Im Kapitel 6 sind für jede Stadt zahlreiche Daten dokumentiert; wir beschränken uns daher hier auf einen Vergleich der Entwicklungen in den Städten. Es lassen sich drei unterschiedliche Entwicklungen unterscheiden.

Erstens nimmt in der Mehrzahl der Städte die Zahl der Armutsgebiete (Gebiete über dem Mittelwert) zu; ebenso ist in vielen Städten zu erkennen, dass die armen Gebiete weiter verarmen. In Berlin nahm die Zahl der Gebiete mit einer niedrigen Armutsquote von 15 auf zwei ab, in Essen nahmen die Armutsquoten beträchtlich zu, vor allem in jenen Stadtteilen, in denen sie schon 1990 hoch waren. Deutlich höhere Quoten finden sich auch in Dortmund, auch hier ein Anstieg in ohnehin armen Gebieten, vor allem von 2000 (Karte nicht abgebildet) auf 2005. Das gleiche gilt für Duisburg, Köln, Leipzig und Nürnberg; so nimmt in Köln in zehn Jahren die Zahl der Stadtteile mit einer Quote von über 10 % von 10 auf 17 zu. Auffällig ist, wie stark in Leipzig innerhalb von fünf Jahren die Armutsquoten zugenommen haben. Im Jahr 2001 waren es 28 Stadtteile, die eine niedrige Quote (0-5 %) aufwiesen, 2005 hingegen nur noch 19. Unsere Daten bestätigen damit die eingangs von Farwick für wenige Städte berichteten Befunde.

Zweitens gibt es eine Reihe von Städten, in denen in zahlreichen Stadtteilen die Armutsquoten gesunken sind, sich zumindest nicht erhöht haben. Dazu gehören Düsseldorf, Frankfurt, München und Stuttgart. In Stuttgart weisen über alle Zeitpunkte die südlichen Stadtteile sehr niedrige Armutsquoten auf. Hamburg ist ein Sonderfall, weil hier die Armutsquoten von 1995 bis 2000 in mehreren Stadtteilen gesunken, danach aber wieder gestiegen sind.

Drittens gibt es in allen Städten Stadtteile, in denen über den gesamten hier betrachteten Zeitraum (also maximal 15 Jahre) die Armut nicht geringer wird. Es sind häufig Gebiete, die im Bund-Länder-Programm „Die soziale Stadt" sind, so z.B. Bremen-Gröpelingen, Essen-Katernberg, Köln-Chorweiler. Zu dieser Gruppe gehören aber z. B. auch Berlin-Kreuzberg und Berlin-Wedding, in denen die Armut stark gestiegen ist, Dortmund-Nordmark, Frankfurt-Bonames, Hamburg-Jenfeld, Leipzig-Volkmarsdorf, Nürnberg-Sündersbühl. Dieses Beharrungsvermögen kennzeichnet aber auch die reichsten Stadtteile, da in ihnen die Anteile der Sozialhilfeempfänger (und meist auch der Ausländer) nicht zunehmen.

3. Soziale Segregation

Die Entwicklungen werden noch deutlicher erkennbar, wenn wir die zehn ärmsten (Tabellen 3.1 bis 3.3) und die zehn reichsten (Tabellen 3.4 bis 3.6) Stadtteile bestimmen. Da wir für 1990 nur eine kleine Zahl von Städten und somit Stadtteilen haben, ziehen wir auch die Ergebnisse für 1995 mit heran; hier sind Daten für 510 (der insgesamt 883 möglichen Stadtteile aller 15 Städte) verfügbar.

Der ärmste Stadtteil ist 1990 das Frankfurter Bahnhofsviertel mit 29,9 % Sozialhilfeempfängern. Es folgt das Essener Westviertel mit 26,4 %, das im Jahr 2005 mit 28,4 % das ärmste aller Gebiete ist. Auffällig ist, dass vier der zehn ärmsten Stadtteile in Essen liegen; drei davon sind auch im Jahr 2005 noch unter den zehn ärmsten.

Tabelle 3.1: Die zehn ärmsten Stadtteile 1990

1990 (N = 167)
Frankfurt – Bahnhofsviertel (29,9 %)
Essen – Westviertel (26,4)
Frankfurt – Altstadt (22,1)
Essen – Nordviertel (17,5)
Essen – Stadtkern (16,4)
Berlin – Tiergarten (15,3)
Düsseldorf – Garath (13,5)
Essen – Katernberg (12,8)
Bremen – Osterholz (12,6)
Bremen – Gröpelingen (12,4)

Tabelle 3.2: Die zehn ärmsten Stadtteile 1995

1995 (N = 510)
Hamburg – Billbrook (22,8 %)
Hannover – Vahrenheide (18,8)
Hannover – Mühlenberg (18,3)
Köln – Meschenich (17,4)
Hamburg – St. Pauli (16,7)
Köln – Chorweiler (16,4)
Essen – Westviertel (15,5)
Essen – Stadtkern (15,1)
Hamburg – Jenfeld (14,7)
Hamburg – Billstedt (14,6)

Wenden wir uns nun den zehn reichsten Stadtteilen zu. Im Jahr 1990 befinden sich die reichsten Stadtteile in zwei Städten: Düsseldorf und Essen. Der niedrigste Anteil der Sozialhilfeempfänger ist mit 0,5 % der Stadtteil Düsseldorf-Wittlaer. Essen hatte demnach 1990 sowohl sehr arme als auch sehr reiche Stadtteile und kann daher als eine stark sozialräumlich polarisierte Stadt bezeichnet werden.

Tabelle 3.3: Die zehn ärmsten Stadtteile 2005

2005 (N = 598)
Essen – Westviertel (28,4 %)
Hamburg – Kleiner Grasbrook (24,7)
Essen – Stadtkern (24,3)
Köln – Chorweiler (24,3)
Leipzig – Volkmarsdorf (21,3)
Hannover – Mühlenberg (20,8)
Essen – Ostviertel (19,4)
Leipzig – Neustadt-Neuschön. (19,1)
Hamburg – Veddel (17,7)
Essen – Altendorf (17,4)

Tabelle 3.4: Die zehn reichsten Stadtteile 1990

1990 (N = 167)
Düsseldorf – Wittlaer (0,5 %)
Düsseldorf – Kalkum (0,7)
Essen – Stadtwald (0,7)
Essen – Byfang (0,7)
Düsseldorf – Niederkassel (0,9)
Essen – Kettwig (1,1)
Essen – Fischlaken (1,2)
Düsseldorf – Kaiserswerth (1,2)
Düsseldorf – Unterbach (1,2)
Essen – Fulerum (1,3)

Nun ändern sich die Ergebnisse, wenn man mehr Städte und Stadtteile einbeziehen kann: Im Jahre 1995 gelangt kein Stadtteil von Essen mehr unter die zehn reichsten, dafür je drei in Hannover und Nürnberg. Köln-Hahnwald, oft als „gated community" bezeichnet, hat den niedrigsten Anteil mit 0,2 %.

Im Jahre 2005 sind zwei der schon 1990 reichsten Düsseldorfer Stadtteile erneut unter den zehn reichsten, aber auch zwei Hamburger und drei Hannoveraner Stadtteile, von diesen einer, der schon 1995 unter den reichsten war: Hannover-Wülferode. Durchgängig sind die reichen Stadtteile durch eine gute topographische Lage, meist an der Peripherie der Stadt, und viel Grün gekennzeichnet; Beispiele hierfür sind Düsseldorf-Wittlaer, Essen-Stadtwald, Hamburg-Nienstedten, Hannover-Isernhagen-Süd, München-Herzogpark.

Tabelle 3.5: Die zehn reichsten Stadtteile 1995

1995 (N = 510)
Köln – Hahnwald (0,2 %)
Hannover – Wülferode (0,4)
Düsseldorf – Wittlaer (0,4
Nürnberg – Kraftshof (0,4)
Nürnberg – Thon (0,5)
Hamburg – Duvenstedt (0,5)
Hannover – Waldhausen (0,5)
Hannover – Waldheim (0,6)
Düsseldorf – Kalkum (0,6)
Nürnberg – Buchenbühl (0,6)

Tabelle 3.6: Die zehn reichsten Stadtteile 2005

2005 (N = 598)
Düsseldorf – Grafenberg (0,2 %)
Duisburg – Baerl (0,3)
Essen – Byfang (0,4)
Hamburg – Nienstedten (0,4)
Hamburg – Wohldorf-Ohlstedt (0,5)
Düsseldorf – Kalkum (0,5)
Hannover – Isernhagen-Süd (0,5)
Hannover – Waldhausen (0,5)
Hannover – Wülferode (0,5)
Köln – Libur (0,6)

Tabelle 3.7: Mobilitätstabelle für Stadtteile, nach Anteilen der Sozialhilfeempfänger

Jahr	Anteil	2005				
		0-4,9	5,0-9,9	10,0-14,9	15,0-19,9	≥ 20,0
1990	0-4,9	0	1	0	0	0
		0	100,0	0	0	0
	5,0-9,9	4	2	1	0	0
		57,1	28,6	14,3	0	0
	10,0-14,9	0	8	24	9	1
		0		57,1	21,4	2,4
	15,0-19,9	1	1	30	105	17
		0,6	0,6	19,5	68,2	11,1
	≥ 20,0	0	0	0	32	162
		0	0	0	16,5	83,5
2005	N	5	12	55	146	180
	%	1,3	3,0	13,8	36,7	45,2

Diese Entwicklung ist nun in Tabelle 3.7 dargestellt; die Tabelle ist ähnlich aufgebaut wie eine Tabelle zur sozialen Mobilität. Die Prozentwerte beziehen sich auf die Verteilung der

3. Soziale Segregation

Stadtteile einer Kategorie 1995 auf die Kategorien 2005; es sind „Abstromprozente". Wäre die Mobilität gering, so sollten die absoluten und relativen Werte in der Diagonalen am höchsten sein.

Das ist in den ersten beiden Kategorien nicht der Fall, doch handelt es sich hier insgesamt um sehr wenige Fälle; bei den drei folgenden Kategorien trifft das zu. Die Mobilität ist relativ gering, d.h., viele Stadtteile haben 2005 ebenso viele Arme wie zehn Jahre zuvor.

Gemeinsamkeiten und Unterschiede in der Entwicklung

Quer zu allen ausgewählten Städten gibt es eine Zunahme des Segregationsindizes von IS=20,75 auf 23,78 (1990 bis 2005). Ist diese Beobachtung einer zunehmenden Spaltung der deutschen Großstädte als Ausdruck der disproportionalen Verteilung von armen und nicht-armen Bewohnern auf die administrativen Einheiten der Großstädte auf alle Großstädte übertragbar oder sind verschiedene Entwicklungen festzustellen?

In nur vier Städten ist eine Abnahme der sozialen Segregation zu beobachten: In den beiden wirtschaftlich prosperierenden Städten Frankfurt am Main zwischen 1990 und 2005 von 21,1 auf 16,2 und Stuttgart zwischen 1995 und 2005 von 13,5 auf 12,0. Dazu ebenso in Hannover zwischen 1995 und 2005 von 20,3 auf 20,1 und im „Sonderfall" Berlin zwischen 1991 und 2000 von 19,7 auf 19,2.

In elf Städten ist eine Zunahme des Segregationsindizes zu beobachten. Darunter befinden sich die Städte mit eher problematischer Wirtschaftsstruktur, also mit Hafen- und Altindustrieanlagen bzw. generell einem aktuell oder ehemals dominanten sekundären Wirtschaftssektor. Dazu zählen die Städte Bremen mit einer Zunahme zwischen 1990 und 2005 von 15,1 auf 17,1, Dortmund (Zunahme zwischen 1995 und 2005 von 11,7 auf 14,3), Duisburg (Zunahme zwischen 1990 und 2005 von 19,0 auf 22,4) und Essen (Zunahme zwischen 1990 und 2005 von 22,6 auf 24,0). Ebenso gehören die beiden ostdeutschen Städte zu dieser Gruppe. In Dresden kam es zur Zunahme zwischen 2000 und 2005 von 26,6 auf 27,8 und in Leipzig zwischen 2001 und 2005 von 21,7 auf 23,0. Aber auch Städte, denen man bessere (Köln, Nürnberg) oder sogar ausgesprochen gute wirtschaftliche Bedingungen einräumt (Düsseldorf, Hamburg, München), verzeichnen eine Zunahme, in Köln zwischen 1995 und 2005 von 22,4 auf 26,9, in Nürnberg zwischen 1995 und 2005 von 15,1 auf 22,2, in Düsseldorf zwischen 1990 und 2005 von 18,8 auf 24,0, in Hamburg zwischen 1995 und 2005 von 20,9 auf 22,6 und in München zwischen 2001 und 2005 von 12,5 auf 13,6.

Finden wir Gemeinsamkeiten zwischen den Städten, die eine Zunahme der sozialen Segregation verzeichnen, oder zumindest den Städten, die durch eine Abnahme gekennzeichnet sind? Wenn die Mehrheit und damit der „Regelfall" eine Zunahme aufweist, wo könnten die Gemeinsamkeiten der Städte liegen, die eventuell eine Ausnahme darstellen oder zumindest gegen den Trend eine Annäherung der einzelnen Stadtteile aufweisen?

Trotz der Abnahme des IS sind auch in den vier erstgenannten Gebieten „absolute" Verliererebiete zu identifizieren, also Gebiete, in denen es trotz der gesamtstädtischen Verringerung der Spaltung ein weiterer Anstieg des Sozialhilfeempfänger-Anteil bei generell hohem Niveau zu beobachten ist. Wie ist diese Beobachtung zu erklären?

Städte mit einer Verschärfung der sozialen Segregation

Als „Regelfall" in den Städten, welche eine Zunahme der Segregationsindizes aufweisen und damit unter einer Verschärfung der sozialen Segregation leiden, sollte die Beobachtung gemacht werden können, dass die Sozialhilfeempfänger-Anteile in den Gebieten mit bereits geringen Anteilen weiter abnehmen und/oder die Sozialhilfeempfänger-Anteile in den Gebieten mit bereits hohen Anteilen weiter steigen. Dies kann auch grundsätzlich bestätigt werden. Für jede Stadt dieser Gruppe können Beispiele angeführt werden.

In Bremen-Gröpelingen (Stadtteil Nummer 044 in den Karten zu Bremen) kam es zur Zunahme zwischen 1990 und 2005 von 12,5 % auf 15,4 %. Trotz hohen Niveaus kam es also zu einer weiteren Zunahme des Sozialhilfeempfänger-Anteils. Gleichzeitig weist dieser besonders problembehaftete Stadtteil zusammen mit dem Stadtteil Blumenthal mit jeweils drei Prozentpunkten auch die stärkste Zunahme auf. In Bremen-Strom (Stadtteil Nummer 027 in den Karten zu Bremen) läuft die Entwicklung konträr ab. Es kam zu einer Abnahme zwischen 1990 und 2005 von 2,6 % auf 2,0 %, allerdings gibt es in Bremen durchaus Stadtteile, die eine noch positivere Entwicklung kennzeichnen. So kann man Bremen-Mitte und die Östliche Vorstadt anführen, die im Zuge ihrer Aufwertung jeweils eine Abnahme zwischen 4 und 5 Prozentpunkten vorweisen können. Interessanterweise nennt der Bremer Sozialbericht von 1991 die Östliche Vorstadt und Bremen-Mitte als zwei von fünf Stadtteilen (daneben Hemelingen, Walle und Findorff), welche durch eine „alarmierende Sozialhilfeempfänger-Zunahme" (Freie Hansestadt Bremen. Der Senator für Jugend und Soziales. Abteilung Wirtschaftliche Hilfen (Hrsg.), 1991: Zweiter Sozialbericht für die Freie Hansestadt Bremen: 59) gekennzeichnet sind. Auch in der Kategorisierung der Bremer Stadtteile in dieser Veröffentlichung anhand eines „Benachteiligtenindizes" werden Ortsteile mit besonders negativen Indexwerten und damit einhergehend problematischen Situationen benannt, Tenever, Ohlenhof, Blockdiek, Lindenhof, Lüssum-Bockhorn, Osiebshausen und Hemelingen. Zwei Ortsteile befinden sich im Stadtteil Osterholz, drei im Stadtteil Gröpelingen. Der herangeführte Indexwert bildet sich anhand von Indikatoren aus den Bereichen Bildungsbeteiligung, Erwerbs- und Einkommensverhältnisse, Entmischung und Konfliktpotentiale und Wohnungsversorgung (Freie Hansestadt Bremen. Der Senator für Jugend und Soziales. Abteilung Wirtschaftliche Hilfen (Hrsg.), 1991: Zweiter Sozialbericht für die Freie Hansestadt Bremen: 185ff).

In Dortmund-Nordmarkt (Stadtteil Nummer 6 in den Karten zu Dortmund) kam es zur Zunahme zwischen 2000 und 2005 von 14,4 % auf 16,9 %. Im Bevölkerungs-Jahresbericht 2007 (Dortmunder Statistik Nr. 181) wird der Stadtteil Nordmarkt dem entsprechend als „sozial schlecht gestellt" bezeichnet. In den schlecht gestellten Stadtteilen bzw. Stadtbezirken Berlin-Kreuzberg (1995-2000 Zunahme von 12,4 % auf 17,7 %), Dresden-Friedrichstadt (2000-2005 Zunahme von 8,8 auf 11,5), Düsseldorf-Lierenfeld (1990-2005 Zunahme von 10,0 auf 14,3), Duisburg-Hochheide (2000-2005 Zunahme von 8,1 auf 14,0), Essen-Stadtkern (1990-2005 Zunahme von 16,4 auf 24,3), Hamburg-Kleiner Grasbook (1995-2005 Zunahme von 6,5 auf 24,7), Köln-Chorweiler (1995-2005 Zunahme von 16,4 auf 24,3), Leipzig-Volkmarsdorf (2001-2005 Zunahme von 14,2 auf 21,3) und Nürnberg-Sündersbühl (1995-2005 Zunahme von 14,3 auf 14,9) verschlechterte sich die Situation weiter.

In den gut gestellten Stadtteilen Dresden-Kleinzschachwitz (2000-2005 Abnahme von 0,6 % auf 0,5 %), Düsseldorf-Kalkum (1990-2005 Abnahme von 0,7 auf 0,5), Duisburg-

3. Soziale Segregation

Rahm (2000-2005 Abnahme von 2,0 auf 1,1), Essen-Byfang (1990-2005 Abnahme von 0,7 auf 0,4), Hamburg-Nienstedten (1995-2005 Abnahme von 0,9 auf 0,4), Köln-Libur (1995-2005 Abnahme von 0,9 auf 0,6) und Leipzig-Baalsdorf (2001-2005 Abnahme von 1,6 auf 0,8) verbesserte sich die Situation weiter.

Die unterstellte Regelmäßigkeit einer weiteren negativen Entwicklung von Stadtteilen mit negativer Situation und einer weiteren positiven Entwicklung von Stadtteilen mit positiver Situation in Städten, die durch eine fortgesetzte soziale Segregation gekennzeichnet ist scheint also zunächst gut bestätigt zu werden. Zahlreiche Fallbeispiele aus allen betrachteten Städte können angeführt werden.

Allerdings finden sich auch zahlreiche Beispielstadtteile, die als „Ausnahmen" von dieser „Regel" angeführt werden können. Die Einzelbetrachtung der Städte dieser Gruppe belegt dies. Als Ausnahme kann der Stadtteil Bremen-Osterholz (Stadtteil Nummer 037 in den Karten zu Bremen) angeführt werden, welcher eine Abnahme des Sozialhilfeempfänger-Anteils von 14,5 % auf 12,5 % verzeichnet. Im oben bereits zitierten Bremer Sozialbericht von 1991 galt der Stadtteil Osterholz noch als besonders problematisch. Auch der Stadtteil Dortmund-Holthausen (Stadtteil Nummer 13 in den Karten zu Dortmund) kann als Ausnahme angeführt werden, welcher eine Zunahme des Sozialhilfeempfänger-Anteils von 0,6 % auf 0,9 % verzeichnet. Im Bevölkerungs-Jahresbericht 2007 (Dortmunder Statistik Nr. 181) wird der Stadtteil Holthausen als „sozial gut gestellt" bezeichnet.

Ähnliches findet sich in jeder anderen Stadt mit steigenden Segregationsindizes wieder. Als Stadtteile mit guter Ausgangssituation aber einer negativen Entwicklung können Dresden-Gönnsdorf/Pappritz (2000-2005 Zunahme von 0,2 % auf 0,5 %), Düsseldorf-Hubbelrath (1995-2000 Zunahme von 0,8 auf 0,9), Essen-Stadtwald (1990-2005 Zunahme von 0,7 auf 0,9), Köln-Fühlingen (1995-2005 Zunahme von 0,8 auf 1,3) und Leipzig-Miltitz (2001-2005 Zunahme von 0,4 auf 1,0) genannt werden.

Als Stadtteile mit schlechter Ausgangssituation aber positiver Entwicklung des Sozialhilfeempfänger-Anteils seien Dresden-Äußere Neustadt (2000-2005 Abnahme von 7,4 % auf 7,0 %), Düsseldorf-Garath (1990-2005 Abnahme von 13,5 auf 12,6), Duisburg-Ruhrort (2000-2005 Abnahme von 13,1 auf 5,0). Essen-Nordviertel (1990-2005 Abnahme von 17,5 auf 14,7), Hamburg-Billbrook (1995-2005 Abnahme von 22,8 auf 15,2) und Köln-Meschenich (1995-2005 Abnahme von 17,4 auf 15,0) beispielhaft angeführt.

Es ist bemerkenswert, dass in den Städten, die durch eine zunehmende Segregation gekennzeichnet sind, viele Stadtteile, sowohl reiche als auch arme, angeführt werden, die die der steigenden Segregation entgegen laufen.

Städte mit einer Abschwächung der sozialen Segregation

Als „Regelfall" in den Städten, welche eine Abnahme der Segregationsindizes aufweisen und damit unter eine Abschwächung der sozialen Segregation genießen, sollte die Beobachtung gemacht werden können, dass die Sozialhilfeempfänger-Anteile in den Gebieten mit bereits geringen Anteilen zunehmen und/oder die Sozialhilfeempfänger-Anteile in den Gebieten mit bereits hohen Anteilen sinken. Dies kann auch grundsätzlich bestätigt werden. Für jede Stadt dieser Gruppe können Beispiele angeführt werden.

Als Stadtteile mit guter Ausgangssituation und steigendem Sozialhilfeempfänger-Anteil Beispielhaft sollen hier Stuttgart-Vaihingen (1995-2005 Zunahme von 1,8 % auf

2,0 %), Hannover-Wülferode (1995-2005 Zunahme von 0,4 auf 0,5) und Frankfurt-Berkersheim (1995-2005 Zunahme von 1,5 auf 6,6) angeführt werden.

Auch einige Stadtteile mit schlechter Ausgangsposition aber positiver Entwicklung können benannt werden: Stuttgart-Süd (1995-2005 Abnahme von 5,3 % auf 4,0 %), Hannover-Vahrenheide (1995-2005 Abnahme von 18,8 auf 15,4) und Frankfurt-Bahnhofsviertel (1990-2005 Abnahme von 29,9 auf 9,9).

Aber auch hier gibt es wiederum viele Beispiele, die diesem „Regelfall" nicht entsprechen. Dies sind Stadtteile, die eigentlich eine Polarisierung innerhalb der Stadt unterstützen, aber in einer Stadt liegen, die eine abnehmende soziale Segregation verzeichnet. Als Beispiele für Stadtteile mit guter Ausgangssituation und positiver Entwicklung dienen: Stuttgart-Birkach (1995-2005 Abnahme von 3,1 % auf 2,6 %), Hannover-Isernhagen Süd (1995-2005 Abnahme von 0,8 auf 0,5) und Frankfurt-Harheim (1990-2005 Abnahme von 1,7 auf 1,4). Als Beispiele für Stadtteile mit vergleichsweise schlechter Ausgangssituation und weiterhin schlechter Entwicklung sind zu nennen: Stuttgart-Bad Cannstadt (1995-2005 Zunahme von 5,3 % auf 5,8 %), Hannover-Mühlenberg (1995-2005 Zunahme von 18,3 auf 20,8) und Frankfurt-Ginnheim (1990-2005 Zunahme von 4,0 auf 10,3). Hierunter fallen auch alle Berliner Bezirke, beispielsweise Berlin-Kreuzberg mit einer besonders starken Verschlechterung zwischen 1995 und 2000 (von 12,4 auf 17,7). Da aber alle Berliner Bezirke eine Zunahme verzeichnen, ist hier die Stärke der Zunahme das Differenzierungsmerkmal.

Anhand der zahlreichen Ausnahmen von der „Regel" für Städte mit abnehmender Segregation erkennt man auch für diese Städte durchaus Polarisierungstendenzen, auch wenn sie im allgemeinstädtischen Trend „übertüncht" werden.

Eine Vermutung

Die Entwicklung der einzelnen Stadtteile ist natürlich in erster Linie abhängig von gesamtstädtischen Entwicklung, insbesondere ihrer Positionierung im regionalen, nationalen und zum Teil sogar internationalen Wirtschaftswettbewerb. Trotzdem durchlaufen viele Stadtteile in deutschen Großstädten eine „individuelle" von der Gesamtstadt abgekoppelte Entwicklung. Entgegen dem gesamtstädtischen Abwärtstrend können sie ihre Lage weiter verbessern. Oder trotz Aufwärtstrend verschlechtert sich ihre Lage (weiter). Neben der nationalen regionalen und kommunalen Ökonomie, der Städtebau- und Wohnungsbaupolitik inklusive Wohnungszuweisungspolitik und weiterer Planungseinflüsse der lokalen Administrative scheinen mitunter andere Faktoren eine Rolle zu spielen, die Effekte auf das individuelle Stadtteilniveau haben und die soziale Entwicklung der relativ kleinen administrativen Einheiten maßgeblich steuern.

Zu nennen wären hier zum einen die sozialen Förderprogramme des Bundes (Soziale Stadt) und der Länder, wie beispielsweise in Nordrhein-Westfalen das Programm „Stadtteile mit besonderem Erneuerungsbedarf". Diese Programme sind in all ihren Facetten (städtebauliche Inwertsetzung, Förderung der sozialen Situation, Analyse und Diversifizierung der lokalen Wirtschaftsstruktur) kleinräumig orientiert.

Zum anderen spielen Invasions-Sukzessions-Prozesse eine Rolle, die auf Investoren von Einzelpersonen und/oder Wirtschaftsunternehmen und weichen Standortfaktoren beruhen. Viele Beispiele können angeführt werden für die größer werdende Gruppe an Stadtgebieten, die ehemals den problematischen und vernachlässigten Stadtteilen zugeordnet wurden und durch die Initiative von lokalen Akteursgruppen einen Wandel, beispielsweise in Form einer Gentrification, erfahren haben. Diese Prozesse werden in ihrer Startphase nicht von außen gesteuert oder geplant, sondern beruhen auf Initiativen von innen heraus, oft aus den Stadtgebieten an sich.

3. Soziale Segregation
Abbildung 3.2

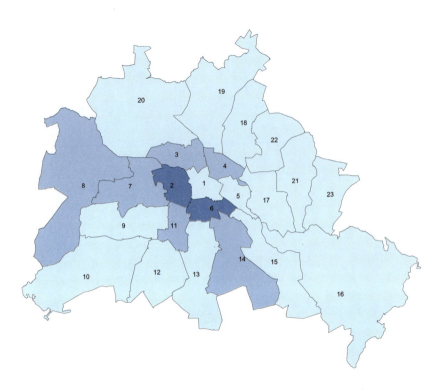

1-Mitte
2-Tiergarten
3-Wedding
4-Prenzlauer Berg
5-Friedrichshain
6-Kreuzberg
7-Charlottenburg
8-Spandau
9-Wilmersdorf
10-Zehlendorf
11-Schöneberg
12-Steglitz
13-Tempelhof
14-Neukölln
15-Treptow
16-Köpenick
17-Lichtenberg
18-Weißensee
19-Pankow
20-Reinickendorf
21-Marzahn
22-Hohenschönhausen
23-Hellersdorf

3. Soziale Segregation

Abbildung 3.3

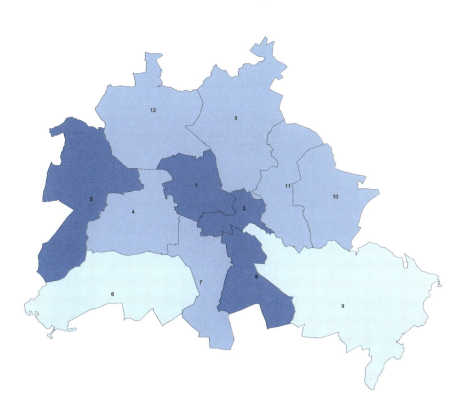

Berlin 2005
Anteil der Sozialhilfeempfänger je Stadtbezirk

- 10 bis 15 (4)
- 5 bis 10 (6)
- 0 bis 5 (2)

1-Mitte
2-Friedrichhain-Kreuzberg
3-Pankow
4-Charlottenburg-Wilmersdorf
5-Spandau
6-Steglitz-Zehlendorf
7-Tempelhof-Schöneberg
8-Neukölln
9-Treptow-Köpenick
10-Marzahn-Hellersdorf
11-Lichtenberg
12-Reinickendorf

3. Soziale Segregation
Abbildung 3.4

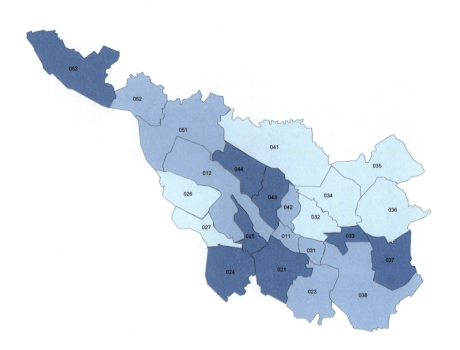

Bremen 2000
Anteil der Sozialhilfeempfänger je Stadtteil

- 10 bis 15 (8)
- 5 bis 10 (8)
- 0 bis 5 (7)

011-Mitte
012-Häfen
021-Neustadt
023-Obervieland
024-Huchting
025-Woltmershausen
026-Seehausen
027-Strom
031-Östliche Vorstadt
032-Schwachhausen
033-Vahr
034-Horn-Lehe
035-Borgfeld
036-Oberneuland
037-Osterholz
038-Hemelingen
041-Blockland
042-Findorff
043-Walle
044-Gröpelingen
051-Burglesum
052-Vegesack
053-Blumenthal

3. Soziale Segregation

Abbildung 3.5

Bremen 2005
Anteil der Sozialhilfeempfänger je Stadtteil

- 15 bis 20 (1)
- 10 bis 15 (5)
- 5 bis 10 (9)
- 0 bis 5 (8)

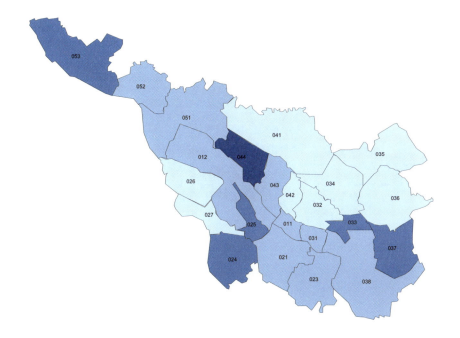

011-Mitte
012-Häfen
021-Neustadt
023-Obervieland
024-Huchting
025-Woltmershausen
026-Seehausen
027-Strom
031-Östliche Vorstadt
032-Schwachhausen
033-Vahr
034-Horn-Lehe
035-Borgfeld
036-Oberneuland
037-Osterholz
038-Hemelingen
041-Blockland
042-Findorff
043-Walle
044-Gröpelingen
051-Burglesum
052-Vegesack
053-Blumenthal

46 *3. Soziale Segregation*
Abbildung 3.6

Dortmund 2000
Anteil der Sozialhilfeempfänger je Stadtteil

- 10 bis 15 (6)
- 5 bis 10 (18)
- 0 bis 5 (38)

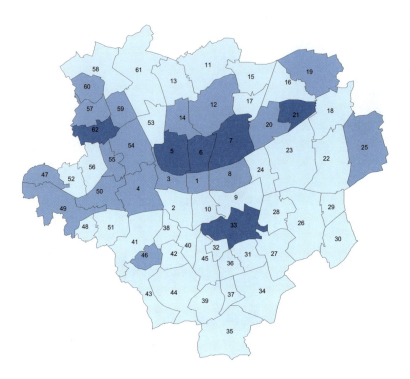

1-City	19-Lanstrop	37-Wichlinghofen	55-Jungfental-Rahm
2-Westfalenhalle	20-Alt-Scharnhorst	38-Barop	56-Kirchlinde
3-Dorstfelder Brücke	21-Scharnhorst-Ost	39-Bittermark	57-Bodelschwingh
4-Dorstfeld	22-Asseln	40-Brünninghausen	58-Mengede
5-Hafen	23-Brackel	41-Eichlinghofen	59-Nette
6-Nordmarkt	24-Wambel	42-Hombruch	60-Oestrich
7-Borsigplatz	25-Wickede	43-Persebeck-Kruckel-Schnee	61-Schwieringhausen
8-Kaiserbrunnen	26-Aplerbeck	44-Kirchhörde-Löttringhausen	62-Westerfilde
9-Westfalendamm	27-Berghofen	45-Rombergpark-Lücklemberg	
10-Ruhrallee	28-Schüren	46-Menglinghausen	
11-Brechten	29-Sölde	47-Bövinghausen	
12-Eving	30-Sölderholz	48-Kley	
13-Holthausen	31-Benninghofen	49-Lütgendortmund	
14-Lindenhorst	32-Hacheney	50-Marten	
15-Derne	33-Hörde	51-Oespel	
16-Hostedde	34-Holzen	52-Westrich	
17-Kirchderne	35-Syburg	53-Deusen	
18-Kurl-Husen	36-Wellinghofen	54-Huckarde	

3. Soziale Segregation

Abbildung 3.7

Dortmund 2005
Anteil der Sozialhilfeempfänger je Stadtteil

- 15 bis 20 (3)
- 10 bis 15 (3)
- 5 bis 10 (16)
- 0 bis 5 (40)

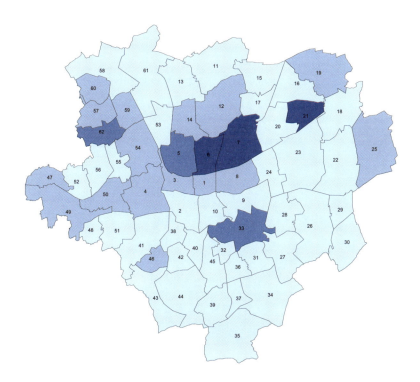

1-City	17-Kirchderne	33-Hörde	49-Lütgendortmund
2-Westfalenhalle	18-Kurl-Husen	34-Holzen	50-Marten
3-Dorstfelder Brücke	19-Lanstrop	35-Syburg	51-Oespel
4-Dorstfeld	20-Alt-Scharnhorst	36-Wellinghofen	52-Westrich
5-Hafen	21-Scharnhorst-Ost	37-Wichlinghofen	53-Deusen
6-Nordmarkt	22-Asseln	38-Barop	54-Huckarde
7-Borsigplatz	23-Brackel	39-Bittermark	55-Jungfental-Rahm
8-Kaiserbrunnen	24-Wambel	40-Brünninghausen	56-Kirchlinde
9-Westfalendamm	25-Wickede	41-Eichlinghofen	57-Bodelschwingh
10-Ruhrallee	26-Aplerbeck	42-Hombruch	58-Mengede
11-Brechten	27-Berghofen	43-Persebeck-Kruckel-Schnee	59-Nette
12-Eving	28-Schüren	44-Kirchhörde-Löttringhausen	60-Oestrich
13-Holthausen	29-Sölde	45-Rombergpark-Lücklemberg	61-Schwieringhausen
14-Lindenhorst	30-Sölderholz	46-Menglinghausen	62-Westerfilde
15-Derne	31-Benninghofen	47-Bövinghausen	
16-Hostedde	32-Hacheney	48-Kley	

48

3. *Soziale Segregation*
Abbildung 3.8

Dresden 2000
Anteil der Sozialhilfeempfänger je Stadtteil

■ 5 bis 10 (9)
□ 0 bis   5 (44)

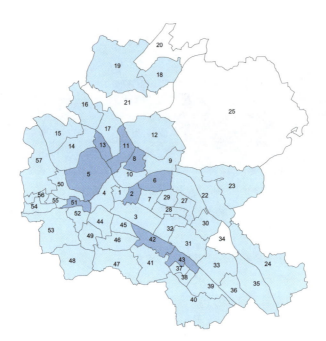

1-Innere Altstadt
2-Pirnaische Vorstadt
3-Seevorstadt-Ost
4-Wilsdruffer Vorstadt/Seevorstadt-West
5-Friedrichstadt
6-Johannstadt-Nord
7-Johannstadt-Süd
8-Äußere Neustadt
9-Radeberger Vorstadt
10-Innere Neustadt
11-Leipziger Vorstadt
12-Albertstadt
13-Pieschen-Süd
14-Mickten
15-Kaditz
16-Trachau
17-Pieschen-Nord/Trachtenberge
18-Klotzsche

19-Hellerau/Wilschdorf
20-Flughafen/Industriegebiet Klotzsche
21-Hellerberge
22-Loschwitz/Wachwitz
23-Bühlau/Weißer Hirsch
24-Hosterwitz/Pillnitz
24-Laubegast
25-Dresdner Heide
26-Blasewitz
27-Striesen-Ost
28-Striesen-Süd
29-Striesen-West
30-Tolkewitz/Seidnitz-Nord
31-Seidnitz/Dobritz
32-Gruna
33-Leuben
35-Kleinzschachwitz
36-Großschachwitz

37-Prohlis-Nord
38-Prohlis-Süd
39-Niedersedlitz
40-Lockwitz
41-Leubnitz-Neuostra
42-Strehlen
43-Reick
44-Südvorstadt-West
45-Südvorstadt-Ost
46-Räcknitz/Zschertnitz
47-Kleinpestitz/Mockritz
48-Coschütz/Gittersee
49-Plauen
50-Cotta
51-Löbtau-Nord
52-Löbtau-Süd
53-Naußlitz
54-Gorbitz-Süd
55-Gorbitz-Ost
56-Gorbitz-N./Neu-Omsewitz
57-Briesnitz

3. Soziale Segregation   49
                                                                                              Abbildung 3.9

Düsseldorf 1990
Anteil der Sozialhilfeempfänger je Stadtteil

- 10 bis 15 (3)
- 5 bis 10 (18)
- 0 bis 5 (28)

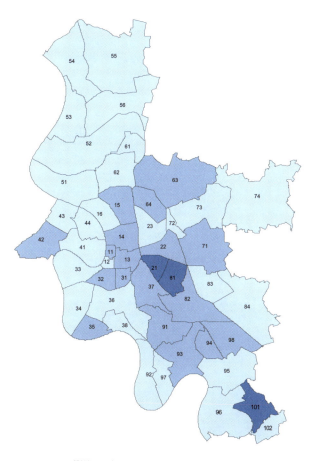

11-Altstadt	35-Volmerswerth	55-Angermund	83-Vennhausen
12-Karlstadt	36-Bilk	56-Kalkum	84-Unterbach
13-Stadtmitte	37-Oberbilk	61-Lichtenbroich	91-Wersten
14-Pempelfort	38-Flehe	62-Unterrath	92-Himmelgeist
15-Derendorf	41-Oberkassel	63-Rath	93-Holthausen
16-Golzheim	42-Heerdt	64-Mörsenbroich	94-Reisholz
21-Flingern Süd	43-Lörick	71-Gerresheim	95-Benrath
22-Flingern Nord	44-Niederkassel	72-Grafenberg	96-Urdenbach
23-Düsseltal (Zooviertel)	51-Stockum	73-Ludenberg	97-Itter
31-Friedrichstadt	52-Lohausen	74-Hubbelrath	98-Hassels
32-Unterbilk	53-Kaiserwerth	81-Lierenfeld	101-Garath
33-Hafen	54-Wittlaer	82-Eller	102-Hellerhof
34-Hamm			

3. Soziale Segregation
Abbildung 3.10

Düsseldorf 2005
Anteil der Sozialhilfeempfänger je Stadtteil

- 10 bis 15 (4)
- 5 bis 10 (16)
- 0 bis 5 (29)

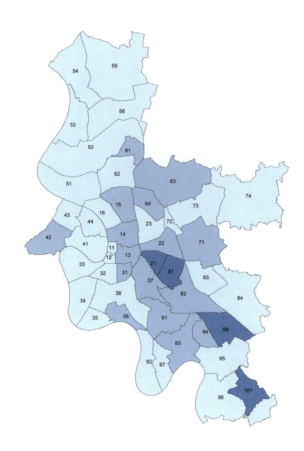

11-Altstadt	35-Volmerswerth	55-Angermund	83-Vennhausen
12-Karlstadt	36-Bilk	56-Kalkum	84-Unterbach
13-Stadtmitte	37-Oberbilk	61-Lichtenbroich	91-Wersten
14-Pempelfort	38-Flehe	62-Unterrath	92-Himmelgeist
15-Derendorf	41-Oberkassel	63-Rath	93-Holthausen
16-Golzheim	42-Heerdt	64-Mörsenbroich	94-Reisholz
21-Flingern Süd	43-Lörick	71-Gerresheim	95-Benrath
22-Flingern Nord	44-Niederkassel	72-Grafenberg	96-Urdenbach
23-Düsseltal (Zooviertel)	51-Stockum	73-Ludenberg	97-Itter
31-Friedrichstadt	52-Lohausen	74-Hubbelrath	98-Hassels
32-Unterbilk	53-Kaiserswerth	81-Lierenfeld	101-Garath
33-Hafen	54-Wittlaer	82-Eller	102-Hellerhof
34-Hamm			

3. Soziale Segregation

Abbildung 3.11

Duisburg 2000
Anteil der Sozialhilfeempfänger je Stadtteil

- 10 bis 15 (5)
- 5 bis 10 (19)
- 0 bis 5 (22)

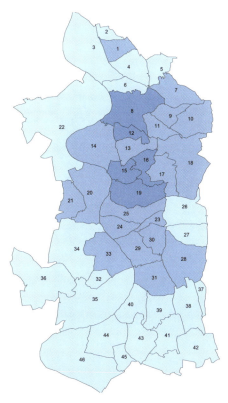

1-Vierlinden
2-Overbruch
3-Alt-Walsum
4-Aldenrade
5-Wehofen
6-Fahrn
7-Röttgersbach
8-Marxloh
9-Obermarxloh
10-Neumühl
11-Alt-Hamborn
12-Bruckhausen
13-Beeck
14-Beeckerwerth
15-Laar
16-Untermeiderich
17-Mittelmeiderich
18-Obermeiderich
19-Ruhrort
20-Alt-Homberg
21-Hochheide
22-Baerl
23-Altstadt
24-Neuenkamp
25-Kaßlerfeld
26-Duissern
27-Neudorf-Nord
28-Neudorf-Süd
29-Dellviertel
30-Hochfeld
31-Wanheimerort
32-Rheinhausen-Mitte
33-Hochemmerich
34-Bergheim
35-Friemersheim
36-Rumel-Kaldenhausen
37-Bissingheim
38-Wedau
39-Buchholz
40-Wanheim-Angerhausen
41-Großenbaum
42-Rahm
43-Huckingen
44-Hüttenheim
45-Ungelsheim
46-Mündelheim

3. Soziale Segregation
Abbildung 3.12

Duisburg 2005
Anteil der Sozialhilfeempfänger je Ortsteil

- 10 bis 15 (4)
- 5 bis 10 (20)
- 0 bis 5 (22)

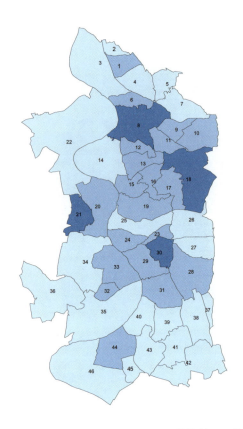

1-Vierlinden	17-Mittelmeiderich	32-Rheinhausen-Mitte
2-Overbruch	18-Obermeiderich	33-Hochemmerich
3-Alt-Walsum	19-Ruhrort	34-Bergheim
4-Aldenrade	20-Alt-Homberg	35-Friemersheim
5-Wehofen	21-Hochheide	36-Rumel-Kaldenhausen
6-Fahrn	22-Baerl	37-Bissingheim
7-Röttgersbach	23-Altstadt	38-Wedau
8-Marxloh	24-Neuenkamp	39-Buchholz
9-Obermarxloh	25-Kaßlerfeld	40-Wanheim-Angerhausen
10-Neumühl	26-Duissern	41-Großenbaum
11-Alt-Hamborn	27-Neudorf-Nord	42-Rahm
12-Bruckhausen	28-Neudorf-Süd	43-Huckingen
13-Beeck	29-Dellviertel	44-Hüttenheim
14-Beeckerwerth	30-Hochfeld	45-Ungelsheim
15-Laar	31-Wanheimerort	46-Mündelheim
16-Untermeiderich		

3. Soziale Segregation

Abbildung 3.13

Essen 1990
Anteil der Sozialhilfeempfänger je Stadtteil

- 20 bis 99 (1)
- 15 bis 20 (2)
- 10 bis 15 (5)
- 5 bis 10 (20)
- 0 bis 5 (22)

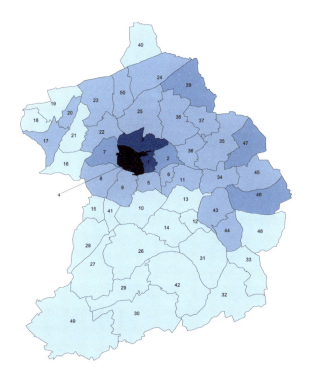

1-Stadtkern
2-Ostviertel
3-Nordviertel
4-Westviertel
5-Südviertel
6-Südostviertel
7-Altendorf
8-Frohnhausen
9-Holsterhausen
10-Rüttenscheid
11-Huttrop
12-Rellinghausen
13-Bergerhausen
14-Stadtwald
15-Fulerum
16-Schönebeck
17-Bedingrade
18-Frintrop

19-Dellwig
20-Gerschede
21-Borbeck-Mitte
22-Bochold
23-Bergeborbeck
24-Altenessen-Nord
25-Altenessen-Süd
26-Bredeney
27-Schuir
28-Haarzopf
29-Werden
30-Heidhausen
31-Heisingen
32-Kupferdreh
33-Byfang
34-Steele
35-Kray
36-Frillendorf

37-Schonnebeck
38-Stoppenberg
39-Katernberg
40-Karnap
41-Magarethenhöhe
42-Fischlaken
43-Überruhr-Hinsel
44-Überruhr-Holthausen
45-Freisenbruch
46-Horst
47-Leithe
48-Burgaltendorf
49-Kettwig
50-Vogelheim

54   3. Soziale Segregation
                                           Abbildung 3.14

Essen 2005
Anteil der Sozialhilfeempfänger je Stadtteil

- 20 bis 101   (2)
- 15 bis 20   (4)
- 10 bis 15 (12)
- 5 bis 10 (13)
- 0 bis   5 (19)

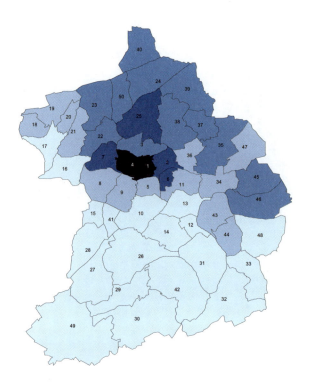

1-Stadtkern	19-Dellwig	37-Schonnebeck
2-Ostviertel	20-Gerschede	38-Stoppenberg
3-Nordviertel	21-Borbeck-Mitte	39-Katernberg
4-Westviertel	22-Bochold	40-Karnap
5-Südviertel	23-Bergeborbeck	41-Magarethenhöhe
6-Südostviertel	24-Altenessen-Nord	42-Fischlaken
7-Altendorf	25-Altenessen-Süd	43-Überruhr-Hinsel
8-Frohnhausen	26-Bredeney	44-Überruhr-Holthausen
9-Holsterhausen	27-Schuir	45-Freisenbruch
10-Rüttenscheid	28-Haarzopf	46-Horst
11-Huttrop	29-Werden	47-Leithe
12-Rellinghausen	30-Heidhausen	48-Burgaltendorf
13-Bergerhausen	31-Heisingen	49-Kettwig
14-Stadtwald	32-Kupferdreh	50-Vogelheim
15-Fulerum	33-Byfang	
16-Schönebeck	34-Steele	
17-Bedingrade	35-Kray	
18-Frintrop	36-Frillendorf	

3. Soziale Segregation

Abbildung 3.15

Frankfurt am Main 1990
Anteil der Sozialhilfeempfänger je Stadtteil

- 20 bis 99   (2)
- 10 bis 15   (4)
- 5 bis 10 (20)
- 0 bis 5 (13)

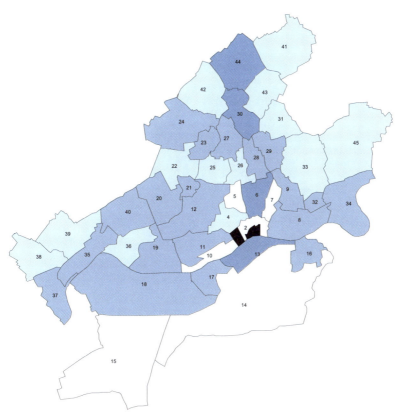

1- Altstadt	16- Oberrad	31- Berkersheim
2- Innenstadt	17- Niederrad	32- Riederwald
3- Bahnhofsviertel	18- Schwanheim	33- Seckbach
4- Westend-Süd	19- Griesheim	34- Fechenheim
5- Westend-Nord	20- Rödelheim	35- Höchst
6- Nordend-West	21- Hausen	36- Nied
7- Nordend-Ost	22- Praunheim	37- Sindlingen
8- Ostend	23- Heddernheim	38- Zeilsheim
9- Bornheim	24- Niederursel	39- Unterliederbach
10- Gutleutviertel	25- Ginnheim	40- Sossenheim
11- Gallusviertel	26- Dornbusch	41- Nieder-Erlenbach
12- Bockenheim	27- Eschersheim	42- Kalbach
13- Sachsenhausen-N.	28- Eckenheim	43- Harheim
14- Sachsenhausen-S.	29- Preungesheim	44- Nieder-Eschbach
15- Flughafen	30- Bonames	45- Bergen-Enkheim

56 *3. Soziale Segregation*
Abbildung 3.16

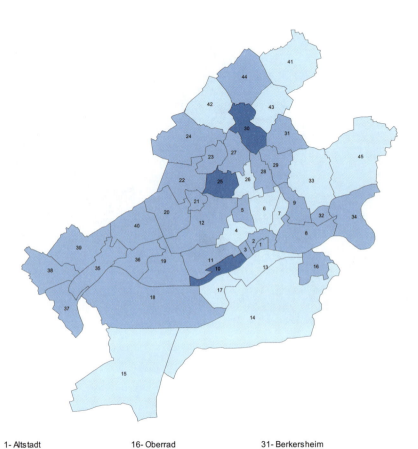

Frankfurt am Main 2005
Anteil der Sozialhilfeempfänger je Stadtteil

- 10 bis 15 (3)
- 5 bis 10 (29)
- 0 bis 5 (13)

1- Altstadt
2- Innenstadt
3- Bahnhofsviertel
4- Westend-Süd
5- Westend-Nord
6- Nordend-West
7- Nordend-Ost
8- Ostend
9- Bornheim
10- Gutleutviertel
11- Gallusviertel
12- Bockenheim
13- Sachsenhausen-N.
14- Sachsenhausen-S.
15- Flughafen
16- Oberrad
17- Niederrad
18- Schwanheim
19- Griesheim
20- Rödelheim
21- Hausen
22- Praunheim
23- Heddernheim
24- Niederursel
25- Ginnheim
26- Dornbusch
27- Eschersheim
28- Eckenheim
29- Preungesheim
30- Bonames
31- Berkersheim
32- Riederwald
33- Seckbach
34- Fechenheim
35- Höchst
36- Nied
37- Sindlingen
38- Zeilsheim
39- Unterliederbach
40- Sossenheim
41- Nieder-Erlenbach
42- Kalbach
43- Harheim
44- Nieder-Eschbach
45- Bergen-Enkheim

3. Soziale Segregation

Abbildung 3.17

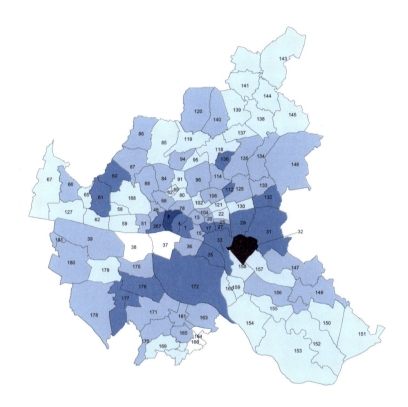

Hamburg 1995
Anteil der Sozialhilfeempfänger je Stadtteil

- 20 bis 99 (1)
- 15 bis 20 (1)
- 10 bis 15 (17)
- 5 bis 10 (39)
- 0 bis 5   (41)

1-Hamburg-Altstadt	58-Groß Flottbek	102-Uhlenhorst	142-Duvenstedt	166-Rönneburg
4-Neustadt	59-Othmarschen	104-Hohenfelde	143-Wohldorf-Ohlstedt	167-Langenbek
8-St. Pauli	60-Lurup	106-Barmbek-Süd	144-Bergstedt	168-Bahrenfeld
13-St. Georg	61-Osdorf	112-Dulsberg	145-Volksdorf	168-Sinstorf
15-Klostertor	62-Nienstedten	114-Barmbek-Nord	146-Rahlstedt	169-Marmstorf
17-Hammerbrook	65-Iserbrook	118-Ohlsdorf	147-Lohbrügge	170-Eißendorf
20-Borgfelde	66-Sülldorf	119-Fuhlsbüttel	148-Bergedorf	171-Heimfeld
22-Hamm-Nord	67-Rissen	120-Langenhorn	150-Curslack	172-Wilhelmsburg
25-Hamm-Mitte	68-Eimsbüttel	121-Eilbek	151-Altengamme	175-Altenwerder
27-Hamm-Süd	78-Rotherbaum	125-Wandsbek	152-Neuengamme	176-Moorburg
29-Horn	80-Harvestehude	127-Blankenese	153-Kirchwerder	177-Hausbruch
31-Billstedt	82-Hoheluft-West	130-Marienthal	154-Ochsenwerder	178-Neugraben-Fischbek
32-Billbrook	84-Lokstedt	132-Jenfeld	155-Reitbrook	179-Francop
33-Rothenburgsort	85-Niendorf	133-Tonndorf	156-Allermöhe	180-Neuenfelde
35-Veddel	86-Schnelsen	134-Farmsen-Berne	157-Billwerder	181-Cranz
36-Kleiner Grasbrook	87-Eidelstedt	135-Bramfeld	158-Moorfleet	267-Altona-Altstadt
37-Steinwerder	88-Stellingen	136-Steilshoop	159-Tatenberg	
38-Waltershof	89-Hoheluft-Ost	137-Wellingsbüttel	160-Spadenland	
39-Finkenwerder	91-Eppendorf	138-Sasel	161-Harburg	
40-Neuwerk	94-Groß Borstel	139-Poppenbüttel	163-Neuland	
48-Altona-Nord	95-Alsterdorf	140-Hummelsbüttel	164-Gut Moor	
51-Ottensen	96-Winterhude	141-Lehmsahl-Mellingstedt	165-Wilstorf	

Hamburg 2005
Anteil der Sozialhilfeempfänger je Stadtteil

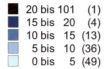

- 20 bis 101 (1)
- 15 bis 20 (4)
- 10 bis 15 (13)
- 5 bis 10 (36)
- 0 bis   5 (49)

Abbildung 3.18

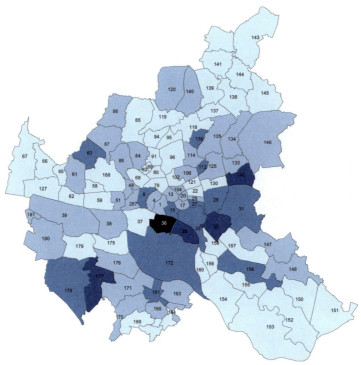

1-Hamburg-Altstadt	58-Groß Flottbek	102-Uhlenhorst	142-Duvenstedt	166-Rönneburg
4-Neustadt	59-Othmarschen	104-Hohenfelde	143-Wohldorf-Ohlstedt	167-Langenbek
8-St. Pauli	60-Lurup	106-Barmbek-Süd	144-Bergstedt	168-Bahrenfeld
13-St. Georg	61-Osdorf	112-Dulsberg	145-Volksdorf	168-Sinstorf
15-Klostertor	62-Nienstedten	114-Barmbek-Nord	146-Rahlstedt	169-Marmstorf
17-Hammerbrook	65-Iserbrook	118-Ohlsdorf	147-Lohbrügge	170-Eißendorf
20-Borgfelde	66-Sülldorf	119-Fuhlsbüttel	148-Bergedorf	171-Heimfeld
22-Hamm-Nord	67-Rissen	120-Langenhorn	150-Curslack	172-Wilhelmsburg
25-Hamm-Mitte	68-Eimsbüttel	121-Eilbek	151-Altengamme	175-Altenwerder
27-Hamm-Süd	78-Rotherbaum	125-Wandsbek	152-Neuengamme	176-Moorburg
29-Horn	80-Harvestehude	127-Blankenese	153-Kirchwerder	177-Hausbruch
31-Billstedt	82-Hoheluft-West	130-Marienthal	154-Ochsenwerder	178-Neugraben-Fischbek
32-Billbrook	84-Lokstedt	132-Jenfeld	155-Reitbrook	179-Francop
33-Rothenburgsort	85-Niendorf	133-Tonndorf	156-Allermöhe	180-Neuenfelde
35-Veddel	86-Schnelsen	134-Farmsen-Berne	157-Billwerder	181-Cranz
36-Kleiner Grasbrook	87-Eidelstedt	135-Bramfeld	158-Moorfleet	267-Altona-Altstadt
37-Steinwerder	88-Stellingen	136-Steilshoop	159-Tatenberg	
38-Waltershof	89-Hoheluft-Ost	137-Wellingsbüttel	160-Spadenland	
39-Finkenwerder	91-Eppendorf	138-Sasel	161-Harburg	
40-Neuwerk	94-Groß Borstel	139-Poppenbüttel	163-Neuland	
48-Altona-Nord	95-Alsterdorf	140-Hummelsbüttel	164-Gut Moor	
51-Ottensen	96-Winterhude	141-Lehmsahl-Mellingstedt	165-Wilstorf	

3. Soziale Segregation

Abbildung 3.19

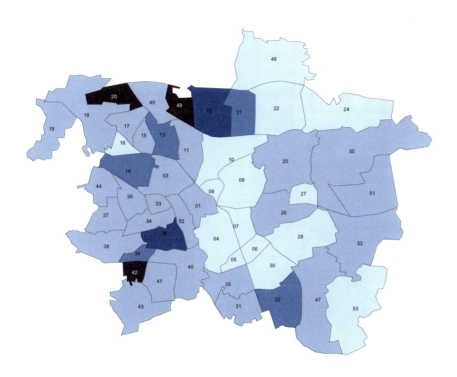

Hannover 2000
Anteil der Sozialhilfeempfänger je Stadtteil

- 20 bis 101   (3)
- 15 bis 20   (2)
- 10 bis 15   (5)
- 5 bis 10 (26)
- 0 bis   5 (15)

01-Mitte
02-Calenberger Neustadt
03-Nordstadt
04-Südstadt
05-Waldhausen
06-Waldheim
07-Bult
08-Zoo
09-Oststadt
10-List
11-Vahrenwald
12-Vahrenheide
13-Hainholz
14-Herrenhausen
15-Burg
16-Leinhausen
17-Ledeburg
18-Stöcken
19-Marienwerder
20-Nordhafen
21-Sahlkamp
22-Bothfeld
24-Lahe
25-Groß-Buchholz
26-Kleefeld
27-Heideviertel
28-Kirchrode
29-Döhren
30-Seelhorst
31-Wülfel
32-Mittelfeld
33-Linden-Nord
34-Linden-Mitte
35-Linden-Süd
36-Limmer
37-Davenstedt
38-Badenstedt
39-Bornum
40-Ricklingen
41-Oberricklingen
42-Mühlenberg
43-Wettbergen
44-Ahlem
45-Vinnhorst
47-Bemerode
48-Isernhagen-Süd
49-Brink-Hafen
50-Misburg-Nord
51-Missburg-Süd
52-Anderten
53-Wülferode

3. Soziale Segregation
Abbildung 3.20

Hannover 2005
Anteil der Sozialhilfeempfänger je Stadtteil

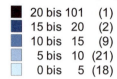

- 20 bis 101 (1)
- 15 bis 20 (2)
- 10 bis 15 (9)
- 5 bis 10 (21)
- 0 bis 5 (18)

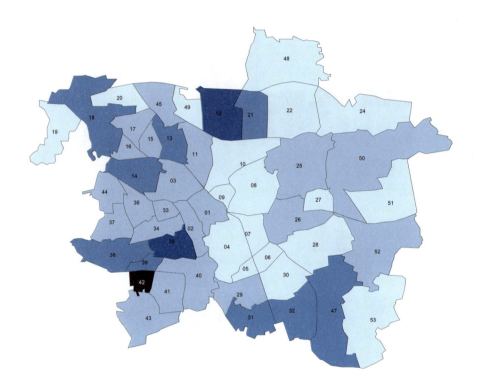

01-Mitte	14-Herrenhausen	28-Kirchrode	41-Oberricklingen
02-Calenberger Neustadt	15-Burg	29-Döhren	42-Mühlenberg
03-Nordstadt	16-Leinhausen	30-Seelhorst	43-Wettbergen
04-Südstadt	17-Ledeburg	31-Wülfel	44-Ahlem
05-Waldhausen	18-Stöcken	32-Mittelfeld	45-Vinnhorst
06-Waldheim	19-Marienwerder	33-Linden-Nord	47-Bemerode
07-Bult	20-Nordhafen	34-Linden-Mitte	48-Isernhagen-Süd
08-Zoo	21-Sahlkamp	35-Linden-Süd	49-Brink-Hafen
09-Oststadt	22-Bothfeld	36-Limmer	50-Misburg-Nord
10-List	24-Lahe	37-Davenstedt	51-Missburg-Süd
11-Vahrenwald	25-Groß-Buchholz	38-Badenstedt	52-Anderten
12-Vahrenheide	26-Kleefeld	39-Bornum	53-Wülferode
13-Hainholz	27-Heideviertel	40-Ricklingen	

3. Soziale Segregation

Abbildung 3.21

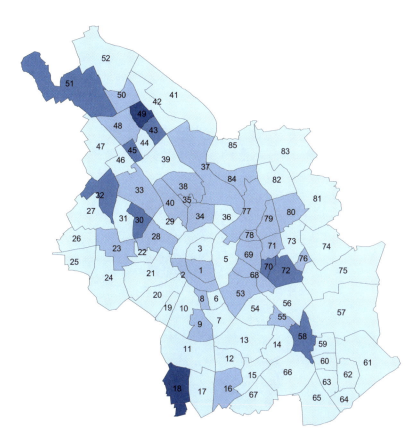

Köln 1995
Anteil der Sozialhilfeempfänger je Stadtteil

- 15 bis 20 (2)
- 10 bis 15 (8)
- 5 bis 10 (26)
- 0 bis 5 (49)

1-Altstadt-Süd
2-Neustadt-Süd
3-Altstadt-Nord
4-Neustadt-Nord
5-Deutz
6-Bayenthal
7-Marienburg
8-Raderberg
9-Raderthal
10-Zollstock
11-Rondorf
12-Hahnwald
13-Rodenkirchen
14-Weiss
15-Sürth
16-Godorf
17-Immendorf
18-Meschenich
19-Klettenberg
20-Sülz
21-Lindenthal
22-Braunsfeld
23-Müngersdorf
24-Junkersdorf
25-Weiden
26-Lövenich
27-Widdersdorf
28-Ehrenfeld
29-Neuehrenfeld
30-Bickendorf
31-Vogelsang
32-Bocklem./Meng.
33-Ossendorf
34-Nippes
35-Mauenheim
36-Riehl
37-Niehl
38-Weidenpesch
39-Longerich
40-Bilderstöckch.
41-Merkenich
42-Fühlingen
43-Seeberg
44-Heimersdorf
45-Lindweiler
46-Pesch
47-Esch/Auweiler
48-Volkhov./Weiler
49-Chorweiler
50-Blumenberg
51-Roggendf./Then.
52-Worringen
53-Poll
54-Westhoven
55-Ensen
56-Gremberghoven
57-Eil
58-Porz
59-Urbach
60-Elsdorf
61-Grengel
62-Wahnheide
63-Wahn
64-Lind
65-Libur
66-Zündorf
67-Langel
68-Humboldt/Grem.
69-Kalk
70-Vingst
71-Höhenberg
72-Ostheim
73-Merheim
74-Brück
75-Rath/Heumar
76-Neubrück
77-Mülheim
78-Buchforst
79-Buchheim
80-Holweide
81-Dellbrück
82-Höhenhaus
83-Dünnwald
84-Stammheim
85-Flittard

3. Soziale Segregation
Abbildung 3.22

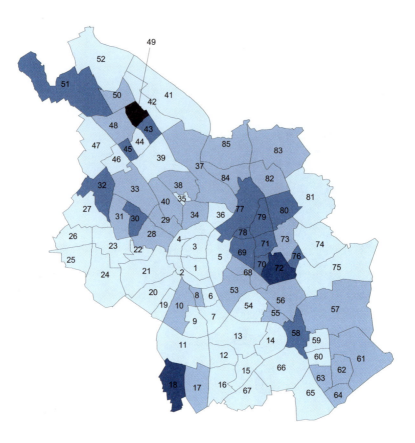

Köln 2005
Anteil der Sozialhilfeempfänger je Stadtteil

- 20 bis 99 (1)
- 15 bis 20 (2)
- 10 bis 15 (14)
- 5 bis 10 (27)
- 0 bis 5 (41)

1-Altstadt-Süd
2-Neustadt-Süd
3-Altstadt-Nord
4-Neustadt-Nord
5-Deutz
6-Bayenthal
7-Marienburg
8-Raderberg
9-Raderthal
10-Zollstock
11-Rondorf
12-Hahnwald
13-Rodenkirchen
14-Weiss
15-Sürth
16-Godorf
17-Immendorf
18-Meschenich
19-Klettenberg
20-Sülz
21-Lindenthal
22-Braunsfeld
23-Müngersdorf
24-Junkersdorf
25-Weiden
26-Lövenich
27-Widdersdorf
28-Ehrenfeld
29-Neuehrenfeld
30-Bickendorf
31-Vogelsang
32-Bocklem./Meng.
33-Ossendorf
34-Nippes
35-Mauenheim
36-Riehl
37-Niehl
38-Weidenpesch
39-Longerich
40-Bilderstöckch.
41-Merkenich
42-Fühlingen
43-Seeberg
44-Heimersdorf
45-Lindweiler
46-Pesch
47-Esch/Auweiler
48-Volkhov./Weiler
49-Chorweiler
50-Blumenberg
51-Roggendf./Then.
52-Worringen
53-Poll
54-Westhoven
55-Ensen
56-Gremberghoven
57-Eil
58-Porz
59-Urbach
60-Elsdorf
61-Grengel
62-Wahnheide
63-Wahn
64-Lind
65-Libur
66-Zündorf
67-Langel
68-Humboldt/Grem.
69-Kalk
70-Vingst
71-Höhenberg
72-Ostheim
73-Merheim
74-Brück
75-Rath/Heumar
76-Neubrück
77-Mülheim
78-Buchforst
79-Buchheim
80-Holweide
81-Dellbrück
82-Höhenhaus
83-Dünnwald
84-Stammheim
85-Flittard

3. Soziale Segregation 63

Abbildung 3.23

Leipzig 2001
Anteil der Sozialhilfeempfänger je Stadtteil

- 10 bis 15 (4)
- 5 bis 10 (17)
- 0 bis 5 (28)

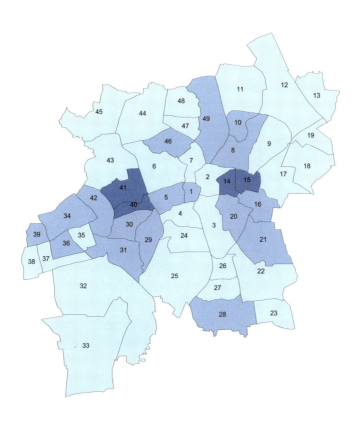

1-Zentrum
2-Zentrum-Ost
3-Zentrum-Südost
4-Zentrum-Süd
5-Zentrum-West
6-Zentrum-Nordwest
7-Zentrum-Nord
8-Schönefeld-Abtnaundorf
9-Schönefeld-Ost
10-Mockau-Süd
11-Mockau-Nord
12-Thekla
13-Plaußig-Portitz
14-Neustadt-Neuschönefeld
15-Volkmarsdorf
16-Anger-Crottendorf
17-Sellerhausen-Stünz
18-Paunsdorf
19-Heiterblick
20-Reudnitz-Thonberg
21-Stötteritz
22-Probstheida
23-Meusdorf
24-Südvorstadt
25-Connewitz
26-Marienbrunn
27-Lößnig
28-Dölitz-Dösen
29-Schleußig
30-Plagwitz
31-Kleinzschocher
32-Großzschocher
33-Knautkleeberg-Knauthain
34-Schönau
35-Grünau-Ost
36-Grünau-Mitte
37-Grünau-Siedlung
38-Lausen-Grünau
39-Grünau-Nord
40-Lindenau
41-Altlindenau
42-Neulindenau
43-Leutzsch
44-Möckern
45-Wahren
46-Gohlis-Süd
47-Gohlis-Mitte
48-Gohlis-Nord
49-Eutritzsch

3. Soziale Segregation
Abbildung 3.24

Leipzig 2005
Anteil der Sozialhilfeempfänger je Stadtteil

- 20 bis 101 (1)
- 15 bis 20 (1)
- 10 bis 15 (7)
- 5 bis 10 (21)
- 0 bis 5 (19)

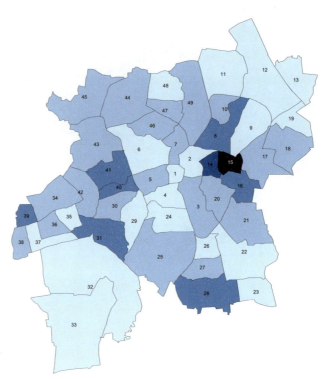

1-Zentrum	14-Neustadt-Neuschönefeld	27-Lößnig	40-Lindenau
2-Zentrum-Ost	15-Volkmarsdorf	28-Dölitz-Dösen	41-Altlindenau
3-Zentrum-Südost	16-Anger-Crottendorf	29-Schleußig	42-Neulindenau
4-Zentrum-Süd	17-Sellerhausen-Stünz	30-Plagwitz	43-Leutzsch
5-Zentrum-West	18-Paunsdorf	31-Kleinzschocher	44-Möckern
6-Zentrum-Nordwest	19-Heiterblick	32-Großzschocher	45-Wahren
7-Zentrum-Nord	20-Reudnitz-Thonberg	33-Knautkleeberg-Knauthain	46-Gohlis-Süd
8-Schönefeld-Abtnaundorf	21-Stötteritz	34-Schönau	47-Gohlis-Mitte
9-Schönefeld-Ost	22-Probstheida	35-Grünau-Ost	48-Gohlis-Nord
10-Mockau-Süd	23-Meusdorf	36-Grünau-Mitte	49-Eutritzsch
11-Mockau-Nord	24-Südvorstadt	37-Grünau-Siedlung	
12-Thekla	25-Connewitz	38-Lausen-Grünau	
13-Plaußig-Portitz	26-Marienbrunn	39-Grünau-Nord	

3. Soziale Segregation 65

Abbildung 3.25

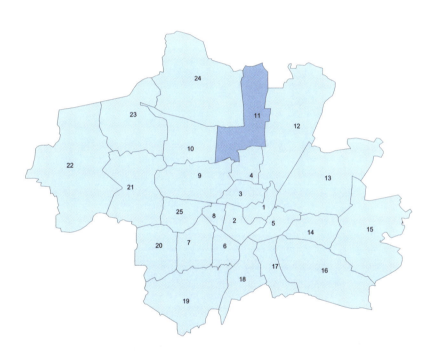

1-Altstadt - Lehel
2-Ludwigsvorstadt - Isarvorstadt
3-Maxvorstadt
4-Schwabing - West
5-Au - Haidhausen
6-Sendling
7-Sendling - Westpark
8-Schwanthalerhöhe
9-Neuhausen - Nymphenburg
10-Moosach
11-Milbertshofen - Am Hart
12-Schwabing - Freimann
13-Bogenhausen
14-Berg am Laim
15-Trudering - Riem
16-Ramersdorf - Perlach
17-Obergiesing
18-Untergiesing - Harlaching
19-Thalkirchen - Obersendling - Forstenried - Fürstenried - Solln
20-Hadern
21-Pasing - Obermenzing
22-Aubing - Lochhausen - Langwied
23-Allach - Untermenzing
24-Feldmoching - Hasenbergl
25-Laim

Nürnberg 1995
Anteil der Sozialhilfeempfänger je Statistischem Bezirk

- 10 bis 15 (6)
- 5 bis 10 (37)
- 0 bis 5 (42)

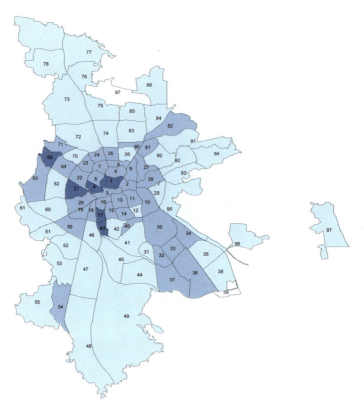

1-Altstadt, St. Lorenz	19-Schweinau	37-Langwasser Südwest	55-Krottenb., Mühlh.	81-Schoppershof
2-Marienvorstadt	20-St. Leonhard	38-Altenfurt, Moorenbrunn	60-Großr. b. Schweinau	82-Schafhof
3-Tafelhof	21-Sündersbühl	39-GP Nürnberg Feucht	61-Gebersdorf	83-Marienberg
4-Gostenhof	22-Bärenschanze	40-Hasenbruck	62-Gaismannshof	84-Ziegelstein
5-Himpfelshof	23-Sandberg	41-Rangierbahnhof	63-Höfen	85-Mooshof
6-Altstadt, St. Sebald	24-Bielingplatz	42-Katzwanger Straße	64-Eberhardshof	86-Buchenbühl
7-St. Johannis	25-Uhlandstraße	43-Dianastraße	65-Muggenhof	87-Flughafen
8-Pirckheimerstraße	26-Maxfeld	44-Trierer Straße	70-Westfriedhof	90-St. Jobst
9-Wöhrd	27-Veilhof	45-Gartenschau	71-Schniegling	91-Erlenstegen
10-Ludwigsfeld	28-Tullnau	46-Werderau	72-Wetzendorf	92-Mögeldorf
11-Glockenhof	29-Gleißhammer	47-Maiach	73-Buch	93-Schmausenb.
12-Guntherstraße	30-Dutzendteich	48-Katzwang, Reichelsdorf	74-Thon	94-Laufamholz
13-Galgenhof	31-Rangierbf Siedlung	49-Kornburg, Worzeldorf	75-Almoshof	95-Zerzabelshof
14-Hummelstein	32-Langwasser Nordwest	50-Hohe Marter	76-Kraftshof	96-Fischbach
15-Gugelstraße	33-Langwasser Nordost	51-Röthenbach West	77-Neunhof	97-Brunn
16-Steinbühl	34-Beuthener Straße	52-Röthenbach Ost	78-Boxdorf	
17-Gibitzenhof	35-Altenfurt Nord	53-Eibach	79-Großgründlach	
18-Sandreith	36-Langwasser Südost	54-Reichelsdorf	80-Schleifweg	

3. Soziale Segregation

Abbildung 3.27

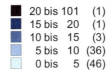

Nürnberg 2000
Anteil der Sozialhilfeempfänger je Statistischem Bezirk

- 20 bis 101 (1)
- 15 bis 20 (1)
- 10 bis 15 (3)
- 5 bis 10 (36)
- 0 bis 5 (46)

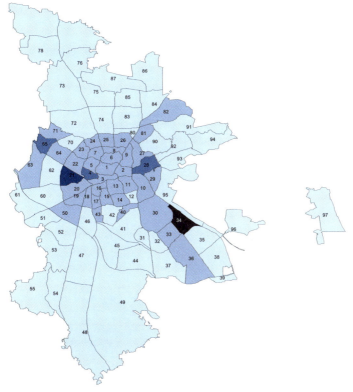

1-Altstadt, St. Lorenz	19-Schweinau	37-Langwasser Südwest	55-Krottenb., Mühlh.	81-Schoppershof
2-Marienvorstadt	20-St. Leonhard	38-Altenfurt, Moorenbrunn	60-Großr. b. Schweinau	82-Schafhof
3-Tafelhof	21-Sündersbühl	39-GP Nürnberg Feucht	61-Gebersdorf	83-Marienberg
4-Gostenhof	22-Bärenschanze	40-Hasenbruck	62-Gaismannshof	84-Ziegelstein
5-Himpfelshof	23-Sandberg	41-Rangierbahnhof	63-Höfen	85-Mooshof
6-Altstadt, St. Sebald	24-Bielingplatz	42-Katzwanger Straße	64-Eberhardshof	86-Buchenbühl
7-St. Johannis	25-Uhlandstraße	43-Dianastraße	65-Muggenhof	87-Flughafen
8-Pirckheimerstraße	26-Maxfeld	44-Trierer Straße	70-Westfriedhof	90-St. Jobst
9-Wöhrd	27-Veilhof	45-Gartenschau	71-Schniegling	91-Erlenstegen
10-Ludwigsfeld	28-Tullnau	46-Werderau	72-Wetzendorf	92-Mögeldorf
11-Glockenhof	29-Gleißhammer	47-Maiach	73-Buch	93-Schmausenb.
12-Guntherstraße	30-Dutzendteich	48-Katzwang, Reichelsdorf	74-Thon	94-Laufamholz
13-Galgenhof	31-Rangierbf Siedlung	49-Kornburg, Worzeldorf	75-Almoshof	95-Zerzabelshof
14-Hummelstein	32-Langwasser Nordwest	50-Hohe Marter	76-Kraftshof	96-Fischbach
15-Gugelstraße	33-Langwasser Nordost	51-Röthenbach West	77-Neunhof	97-Brunn
16-Steinbühl	34-Beuthener Straße	52-Röthenbach Ost	78-Boxdorf	
17-Gibitzenhof	35-Altenfurt Nord	53-Eibach	79-Großgründlach	
18-Sandreith	36-Langwasser Südost	54-Reichelsdorf	80-Schleifweg	

3. Soziale Segregation
Abbildung 3.28

Stuttgart 1997
Anteil der Sozialhilfeempfänger je Stadtbezirk

- 5 bis 10 (5)
- 0 bis 5 (18)

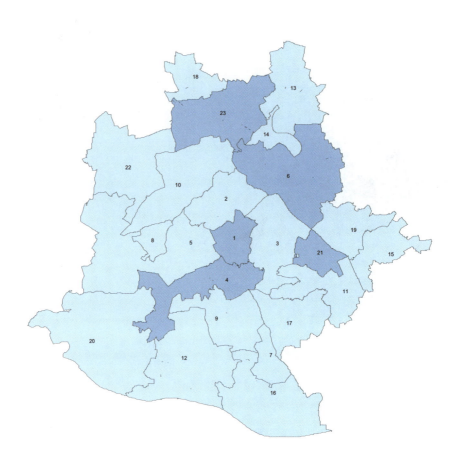

1-Mitte
2-Nord
3-Ost
4-Süd
5-West
6-Bad Cannstatt
7-Birkach
8-Botnang
9-Degerloch
10-Feuerbach
11-Hedelfingen
12-Möhringen

13-Mühlhausen
14-Münster
15-Obertürkheim
16-Plieningen
17-Sillenbuch
18-Stammheim
19-Untertürkheim
20-Vaihingen
21-Wangen
22-Weilimdorf
23-Zuffenhausen

3. Soziale Segregation   *Abbildung 3.29*

Stuttgart 2005
Anteil der Sozialhilfeempfänger je Stadtbezirk

- 10 bis 15 (1)
- 5 bis 10 (16)
- 0 bis 5 (6)

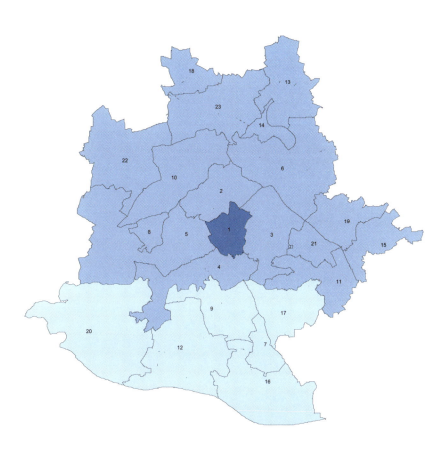

1-Mitte	13-Mühlhausen
2-Nord	14-Münster
3-Ost	15-Obertürkheim
4-Süd	16-Plieningen
5-West	17-Sillenbuch
6-Bad Cannstatt	18-Stammheim
7-Birkach	19-Untertürkheim
8-Botnang	20-Vaihingen
9-Degerloch	21-Wangen
10-Feuerbach	22-Weilimdorf
11-Hedelfingen	23-Zuffenhausen
12-Möhringen	

4. Ethnische Segregation

Im Abschnitt 1.3 haben wir dargestellt, welche positiven Folgen der sozialen Mischung in einem Wohngebiet zugeschrieben werden. Um zu zeigen, welche Bedeutung der ethnischen Segregation und der ethnischen Mischung in Wohngebieten zukommt, führen wir eine Reihe von empirischen Ergebnissen an. Einen Überblick über die Ergebnisse deutscher Studien gibt Friedrichs (2008). Wir gehen dabei auch auf die Mikroebene der Kontakte und des individuellen Verhaltens ein, obgleich wir entsprechende Hypothesen mit unseren Makro-Daten nicht testen können. Die Annahmen sind dennoch wichtig, um die Segregation zu erklären und die vermuteten Folgen ethnischer Mischung zu spezifizieren. Wir kommen auf die Annahmen auf der Kontext- und der Mikroebene bei der Diskussion der Ergebnisse in Kapitel 5 zurück.

4.1 Ethnische Mischung, Kontakte und Vorurteile

McCulloch (2001) dokumentiert die positive Folgen einer ethnischen Mischung für die Stabilität des Wohngebietes, hingegen zeigen Sampson und Groves (1989), dass ein höheres Maß an abweichendem Verhalten in Gebieten mit hoher ethnischer Mischung auftritt. Kennedy und Silverman (1985) belegen einen empirischen Zusammenhang von sozialer Mischung und Kriminalitätsfurcht. Sie spezifizieren auch den Mechanismus für dieses Ergebnis: Ist die *wahrgenommene* soziale Mischung (einschließlich der ethnischen) hoch, so führt dies zu einer Unsicherheit über die Umgebung, diese Unsicherheit führt zu Furcht vor Kriminalität.

Musterd und Ostendorf (2007) berichten Ergebnisse über die Segregation von Migranten aus der Türkei, Marokko, Surinam und den Antillen. Es zeigt sich, dass die Türken die Gruppe mit den höchsten Segregationswerten sind. In Amsterdam hat die Segregation der Türken im Zeitraum 1980 bis 2004 von 37,3 auf 42,4 zugenommen, in Rotterdam hingegen von 50,1 auf 44,1 abgenommen, ebenso in Den Haag von 66,4 auf 51,1. Immer noch ist aber die Segregation der Türken höher als die anderer Gruppen; sie betrug im Jahre 2004 z.B. für die Surinamesen in Amsterdam 32,9, in Rotterdam 21,1 und in Den Haag 33,5. Ferner stellen die Autoren fest, dass fast 40 % aller Türken in Amsterdam im Jahre 2004 in Gebieten mit einer hohen Konzentration von Türken wohnten, definiert als Anteile mit vier Standardabweichungen über dem städtischen Durchschnitt. Die Türken und Marokkaner – im Gegensatz zu den beiden anderen Gruppen – haben weniger Kontakte außerhalb ihrer Gruppe. Die Kontakte sind noch geringer, wenn in dem Wohngebiet der Anteil der Migranten hoch ist.

Zu den wichtigsten (beabsichtigten) Folgen der sozialen Mischung gehören die Kontakte zwischen den sozialen Gruppen. Die klassische Hypothese von Allport (1954: 261-282) lautet: Durch Kontakte zwischen sozialen Gruppen werden die Vorurteile gegenüber der jeweils anderen Gruppe vermindert.

Die Annahmen, die der (ethnischen) Mischungs-Hypothese zugrunde liegen, lassen sich folgendermaßen darstellen:

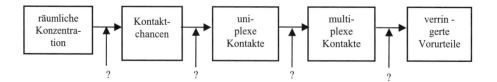

Dabei ist zu bedenken, dass mit jedem Schritt andere Bedingungen (mit ? gekennzeichnet) verhindern können, dass die jeweilige Annahme zutrifft. So wird die bloße Kontaktchance nicht zwangsläufig zu Kontakten führen, ebenso wenig muss aus spezifischen Kontakten, die auf einen Bereich beschränkt sind, z.B. Treffen im Sportverein, eine (multiplexe) Beziehung entstehen, die sich auf viele Bereiche bezieht, z.B. gemeinsame Einladungen, Probleme besprechen.

Die grundsätzliche Frage ist, unter welchen Bedingungen überhaupt Kontakte zustande kommen. Die wichtigste Voraussetzung hierfür ist, bereit zu sein, in einem sozial gemischten Gebiet wohnen zu wollen. Die Bereitschaft von Angehörigen der Majorität, mit Angehörigen der Minoritäten zusammen zu leben, ist geringer als die der Minorität, mit Angehörigen der Majorität zusammen zu leben (Kecskes und Knäble 1988, Schelling 1978). Das lässt sich auch anhand der Daten des Allbus 2006 belegen. Den Befragten wurden Bilder mit 7x7 Häusern vorgelegt, auf denen jeweils ein unterschiedlicher Anteil von Häusern grau markiert war; diese symbolisierten den Anteil der Ausländer. Die Befragten sollten nun angeben, ob sie in dem jeweiligen Wohngebiet leben möchten. Von den westdeutschen Befragten mit deutscher Staatsangehörigkeit (N = 1926) bejahten dies 58 % für die Mischung mit einem Anteil von (nur) 8 % Ausländern, bei einem Anteil von 33 % Ausländern waren es 39 %, und bei einem Anteil von 73 % Ausländern nur noch 5 % der Befragten. (Eigene Berechnungen mit Daten des Allbus 2006.)

Empirische Studien zeigen, dass sich durch Kontakte das Vorurteil gegenüber anderen Personen verringert (u.a. Brown und Wade 1987). Weniger eindeutig sind die Ergebnisse zu dem zweiten Schritt: der Generalisierung des verringerten Vorurteils auf eine ganze Gruppe. Hewston und Brown (1986) finden in ihrem Review mehr empirische Studien, die eine solche Generalisierung nicht belegen, als solche, in denen sie belegt wurde. Hingegen zeigen die Metaanalysen von Pettigrew und Tropp (2006), dass in der Mehrzahl der Studien sowohl eine Verringerung des Vorurteils gegenüber der Person als auch deren Gruppe eintritt. Allein der Kontakt hat also positive Effekte; die Beziehung zwischen Kontakt und Vorurteil beträgt -.20 bis -.30.

In einer neueren Untersuchung von 515 Studien zeigen die Autoren, dass zwischen Kontakt und Verringerung des Vorurteils in der Situation eine Beziehung von -.24 besteht und zu der gesamten Fremdgruppe von -.21 (2006, Tab. 2). Kontakte verringern aber auch Gefühle wahrgenommener Bedrohung und solche der Unsicherheit, wie man sich gegenüber einem Angehörigen einer fremden Gruppe verhalten soll („anxiety"). Wie Brown und Hewston (2005: 289) zeigen, ist diese Furcht („anxiety") eine Variable, die zwischen Kontakt und Vorurteil interveniert.

4. Ethnische Segregation

In einer Studie über Interaktionen von Katholiken und Protestanten in Nord-Irland gelangt Pettigrew (1998: 73) zu einem Kausalmodell, das vereinfacht lautet:

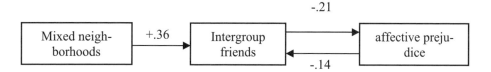

Demnach hat die soziale Mischung in der Tat einen positiven Effekt auf die interethnischen Freundschaften, diese wiederum einen negativen auf die affektive Komponente der Vorurteile, letztere aber, wie zu vermuten war, einen negativen Einfluss darauf, überhaupt Beziehungen zu anderen ethnischen Gruppen aufzunehmen.

Eine sehr umfangreiche Studie zu ethnischen Kontakten haben Gijsberts und Dagevos (2005, 2007) vorgelegt. Sie werteten eine Untersuchung mit 4.000 befragten Migranten aus der Türkei, Marokko, Surinam und den Antillen aus, ergänzt um eine Studie „Attitudes towards Minority Survey", ebenfalls aus dem Jahre 2002, mit einer Stichprobe von 3.000 Personen. Die zentrale Frage lautete, ob und wie sich die ethnische Mischung in einem Wohngebiet auf die intra- und inter-ethnischen Kontakte auswirkt. Es zeigt sich, dass die Kontakte von ethnischer Minorität zur holländischen Majorität umso niedriger waren, je größer der Anteil der ethnischen Minoritäten im Wohngebiet war. Ferner führten hohe Anteile von Migranten dazu, die Zahl der intra-ethnischen Kontakte zu erhöhen (und mithin die der inter-ethnischen zu vermindern). Die Annahme der Autoren, in gemischten Wohngebieten kämen die Holländer eher mit Angehörigen ethnischer Minoritäten in Kontakt, erwies sich als zutreffend. Doch bestand hier eine kurvilineare Beziehung: Bis zu einem Anteil von 50 % von Migranten (dieser vier Gruppen) nahm die Zahl der Kontakte zwischen Holländern und Angehörigen der Minorität zu, war der Anteil jedoch höher, nahmen die Kontakte ab. Dieser Befund gilt auch unter Kontrolle von Merkmalen der Wohngebiete und der Individuen.

Wenn die Mehrheit der Bewohner des Gebietes nicht-westliche Migranten sind, ziehen sich die „einheimischen" Bewohner in ihre eigene Gruppe zurück. Die Studie von Gijsberts und Dagevos (2007) erbrachte auch, dass einer von drei Holländern Kontakt zu Angehörigen ethnischer Minoritäten außerhalb des Arbeitsplatzes hat. Schließlich ist hervorzuheben, dass multi-ethnische Wohngebiete eine geringere soziale Kohäsion aufwiesen und mehr Zu- und Fortzüge, was wiederum negative Konsequenzen für die Kontakte zwischen unterschiedlichen ethnischen Gruppen hat.

Wir können also folgern, dass in Wohngebieten mit hohen Anteilen ethnischer Minoritäten die Kontakte sowohl zwischen den Angehörigen unterschiedlicher ethnischer Gruppen als auch zu den Angehörigen der Majorität erheblich geringer sind. Der Schwellenwert dürfte hierbei bei einem Anteil von 50 % liegen. Erneut stellt sich heraus, dass die Türken sich am stärksten auf ihre eigene Gruppe hin orientieren; wenn der Migrantenanteil über 50 % beträgt, so haben zwei von drei Türken und Marokkanern hauptsächlich Kontakte in der eigenen Gruppe.

4.2 Erklärungen der Segregation

Soziale Segregation lässt sich nicht durch eine einheitliche Theorie erklären. Vielmehr müssen wir auf Hypothesen zurückgreifen, in denen Bedingungen auf der Makro- mit solchen auf der Mikroebene verbunden werden (Esser 1988, ausführlich: Friedrichs 2008). Auf der Makroebene sind zwei Sachverhalte bedeutsam: die Einkommensungleichheit und der Wohnungsmarkt. Je größer die Ungleichheit der Einkommensverteilung, desto höher wird auch die Segregation nach dem Einkommen und der Bildung sein. Je differenzierter das Wohnungsangebot (u.a. aufgrund der Topographie der Stadt) und je mehr Sozialwohnungen angeboten werden, desto höher dürfte die Segregation sein.

Im Falle der ethnischen Segregation kommt eine dritte Bedingung hinzu: Der Anteil oder die absolute Zahl – das ist umstritten – der Minorität haben einen Effekt auf die ethnische Segregation: Je höher der Anteil ist, desto höher ist gemeinhin die Segregation. Fischer (1975) führt in seiner Theorie städtischer Subkulturen aus, eine steigende Zahl von Angehörigen *einer* Minorität würde aufgrund der steigenden Nachfrage zu mehr Einrichtungen der Minorität führen, z.B. Geschäften. Dieser Sachverhalt ist empirisch gut belegt (Waldinger 1996, Cross 1994, Kloosterman u.a. 1997, Yavuczan 2003). Dann aber würde sich die Minorität in wenigen Stadtteilen räumlich konzentrieren (im Extremfall: ethnische Enklaven), was zu einer höheren Segregation führte. Die empirischen Befunde hierzu sind widersprüchlich: Bolt und van Kempen (1997) fanden in einer Studie von zehn niederländischen Städten keinen Zusammenhang zwischen dem Anteil der Türken und deren Segregation. Hingegen stellen Gijsberts und Dagevos (2007) fest: In Städten mit mehr als 30 % von Migranten aus nicht-westlichen Ländern steigt die Wahrscheinlichkeit, dass Freunde und Bekannte der eigenen ethnischen Gruppe angehören.

Die Ursache dafür, warum Angehörige der Mehrheit Vorurteile gegenüber Angehörigen der Minderheit haben, wird gemeinhin in einer Bedrohung gesehen. Individuen, beispielsweise der dominanten Gruppe, fühlen sich von einer Minorität bedroht, weil sie mit ihnen um knappe Ressourcen konkurriert. So hat bereits Blalock (1967) die Annahme formuliert, ein steigender Anteil von Minoritäten führe erstens zu einer steigenden Konkurrenz um knappe Ressourcen und erhöhe zweitens das Potenzial für die politische Mobilisierung der Minorität (möglicherweise gegen die Majorität). Dies ist eine Erklärung auf der Makroebene. Aufschlussreich hierzu ist das Ergebnis der Studie von Fossett und Kiecolt (1989). Sie fanden eine starke Beziehung zwischen dem Anteil der Schwarzen in Gemeinden und dem Ausmaß negativer Einstellungen gegen Schwarze bei Weißen, selbst wenn individuelle Variablen kontrolliert wurden. Demnach lässt sich die Hypothese aufrecht erhalten, dass ein steigender Anteil der Minorität vermutlich das Vorurteil gegen die Minorität(en) bei der Majorität erhöht.

Eine weitere Hypothese von Fossett und Kiecolt (1989: 590) lautet, in Zeiten wirtschaftlichen Wachstums verringere sich die wahrgenommene Konkurrenz, was dann dazu führt, dass auch das Gefühl der Bedrohung geringer wird. Die Erklärung hierfür ist im Wesentlichen eine sozialpsychologische. Je zahlreicher die ethnischen Gruppen in einem Wohngebiet sind, desto größer ist der Wettbewerb um knappe Ressourcen, z.B. Wohnungen, Arbeitsplätze, desto größer ist die Konkurrenz auch mit den „Einheimischen" des gleichen niedrigen sozialen Status, und dieser Wettbewerb führt insbesondere bei den „Einheimischen" zu einem Gefühl der Bedrohung, das wiederum zur Folge hat, Kontakte mit Angehörigen der Minorität zu vermeiden.

4. Ethnische Segregation

Quillian (1995) untersuchte den Effekt der Zusammensetzung von Wohngebieten auf Vorurteile gegenüber Minoritäten. Mit diesen Hypothesen werden Kontexteffekte spezifiziert, das heißt Makro- und Mikroebene verbunden. Nach Blalock führen ökonomische Bedingungen einerseits und der Anteil der Minorität („subordinate group") auf der Mikroebene zu dem Ausmaß wahrgenommener Bedrohung durch die Minorität. Die Studie ist eine Sekundäranalyse der Daten des Euro-Barometer 1988, durchgeführt in zwölf Ländern.

Der wichtigste Befund der Mehrebenenanalyse von Quillian ist, dass das Ausmaß der Vorurteile in der Tat einen engen Zusammenhang mit dem Ausmaß der Bedrohung, die die Majorität wahrnimmt, aufweist. In der Tat besteht eine enge Beziehung zwischen der wahrgenommenen Bedrohung und den Vorurteilen gegenüber Minoritäten. Erstaunlich ist der Befund, dass die individuellen Merkmale (u.a. Schulbildung, Alter, Einkommen) zwar den vermuteten Zusammenhang mit dem Ausmaß von Vorurteilen aufweisen, sie jedoch wenig Varianz erklären. Entscheidend sind bei dieser Analyse von zwölf Ländern (was für eine Mehrebenenanalyse streng genommen zu wenig Fälle sind) die Merkmale auf der Länderebene: Der Anteil der Minoritäten und die ökonomischen Bedingungen beeinflussen das Ausmaß der Vorurteile sehr viel stärker als die Individualmerkmale und mehr noch, die Interaktion beider Variablen führt zu einer weiteren Verstärkung der Vorurteile. Wenn also der Anteil der Minorität hoch ist und die ökonomischen Bedingungen schlecht sind, ist in dem Land bei den Individuen ein hohes Maß von Vorurteilen anzutreffen.

Schließlich ist eine weitere Hypothese aus nordamerikanischen Studien für benachteiligte Gebiete anzuführen: Die Kontexteffekte der Nachbarschaft auf ethnische Minoritäten seien stärker – und zwar negativer – als jene auf die einheimische Bevölkerung (u.a. Crane 1991, Massey und Denton 1993, South und Crowder 1997, Wilson 1987; für ein Kölner Gebiet: Triemer 2006). Dabei sind die Effekte für Afro-Amerikaner stärker als für andere Minoritäten wie z.B. Hispanier.

In unserer Analyse können wir nur die Effekte auf der Makroebene testen. Die soziale Mischung der Einwohner in den einzelnen Stadtteilen nach dem sozialen und dem ethnischen Status ist geringer als in den USA: Nach Schönwälder, Söhn und Schmid (2007: 18) gibt es keine Wohngebiete, in denen *eine* Minorität mehr als 38 % der Migranten ausmachen. Das können wir leider nicht untersuchen, denn es war auch nicht möglich, für alle Städte Daten für die Ausländer, differenziert nach Nationalität, zu erhalten, weshalb wir nur Ausländer insgesamt untersuchen können. Wir wollen aber auch wissen, wie viele Stadtteile es gibt, die einen Anteil von mehr als 40 % ausländischer Bewohner aufweisen. Wir gehen von folgenden Annahmen aus: Die ethnische Segregation ist umso höher,
- je höher der Anteil der Migranten in einer Stadt ist,
- je höher der Anteil der Sozialwohnungen ist.

Ausländer und Migranten sind von Arbeitslosigkeit und Armut überproportional häufig betroffen (vgl. Tabelle 1.2), weil von ihnen – verglichen mit den Deutschen – ein relativ höherer Anteil nur über geringe Qualifikationen verfügt. Das zeigt sich auch an den Übergangsquoten für weiterführende Schulen oder die Verteilung auf die Schulformen (vgl. Kristen 2002, 2006, Nauck, Diefenbach und Petri 1998). Daher weisen Stadtteile mit einem hohen Ausländer- bzw. Migrantenanteil auch höhere Arbeitslosen- und Sozialhilfequoten auf. Unsere Studie bezieht deshalb auch die Migrantenanteile in der Stadt, insbesondere aber in den Stadtteilen ein. Wir nehmen an, höhere Migrantenanteile in der Stadt führen zu einer stärkeren Segregation, überdurchschnittliche Anteile in einem Stadtteil zu einer höheren Fluktuationsrate (Zu- und Fortzüge pro 1000 Einwohner).

Folgt man diesen Annahmen, so sind folgende Hypothesen zu prüfen:
1. Die Zahl der gemischten Stadtteile hat zwischen 1990 und 2005 abgenommen.
2. Je höher der Anteil der Migranten in der Stadt, desto höher ist die Segregation.
3. Je höher der Anteil der Migranten im Stadtteil, desto höher ist die Fluktuationsrate.

4.3 Die Entwicklung der Stadtteile

Ähnlich wie bei der Analyse der Entwicklungen der Anteile der Sozialhilfeempfänger untersuchen wir hier, wie sich in den 15 Großstädten die Anteile der Ausländer verändert haben, dargestellt in den Karten in Abbildungen 4.1 bis 4.30, sowie weiteren Daten für die einzelnen Städte im Kapitel 6. Die Klassifikation beruht auf den Daten von 1990; sie gilt für alle Städte und Zeitpunkte. Wir beschränken uns hier auf die wichtigsten Entwicklungsmuster; es lassen sich drei recht klare Muster bestimmen.

Das erste Muster ist eine *Zunahme* der Ausländeranteile in vielen Stadtteilen, meist solchen, in denen die Anteile 1990 schon hoch waren. Das ist in Berlin, Düsseldorf, Duisburg, Hannover, Leipzig und Nürnberg der Fall. In Berlin sind es die beiden unteren Kategorien, die die meisten Veränderungen aufweisen, so nimmt die Zahl der Stadtteile mit nur 0-10 % Ausländern von 15 im Jahre 1990 auf 9 im Jahre 2005 ab. In Duisburg nehmen in fast allen Stadtteilen die Anteile zu; Düsseldorf ist ein Beispiel für steigende Anteile fast nur in Stadtteilen, die bereits zehn oder 15 Jahre früher hohe Anteile aufwiesen. Erstaunlich ist angesichts der geringen Zahl ausländischer Bewohner in Leipzig die deutliche Zunahme von 1992 auf 2005. In Nürnberg nehmen die Anteile bis 2000 deutlich zu, danach nehmen bis 2005 nur die Stadtteile um den Stadtkern und die nordöstlichen Stadtteile leicht zu.

Das zweite Muster kann als *Konzentration bei Stagnation* bezeichnet werden: In Stadtteilen mit ohnehin relativ hohen Anteilen nehmen die Anteile der Ausländer weiter zu, in den restlichen jedoch nicht oder sogar ab. Das ist deutlicher noch als in Düsseldorf in Bremen, Dortmund, Dresden, Essen, München und Stuttgart zu erkennen. In Dresden haben sich die Ausländeranteile noch weniger verändert als in Leipzig, sie haben nur in der Südost-Vorstadt zugenommen. Die Konzentration ist in Dortmund-Nordmarkt und Dortmund-Borsigplatz zu beobachten, ebenso im Stadtkern von Essen und Essen-Westviertel, ferner in Stuttgart-Mitte, -Bad Cannstadt und -Wangen. Das völlig konstante Muster in der Verteilung der Anteile in München ist ungewöhnlich und gewiss nicht nur durch den kurzen Zeitraum der Analyse 1993-2000 zu erklären, zumal in allen Städten auch in der kürzeren Spanne von fünf Jahren Veränderungen der Anteile zu beobachten sind.

Das dritte Muster kann als *Abnahme* gekennzeichnet werden. Hierzu gehören nur die drei Städte Frankfurt und Köln, bedingt Hamburg. Die Frankfurter Stadtteile weisen 2005 fast durchgängig niedrigere Ausländeranteile auf als 1990, vor allem zwischen 2000 und 2005 haben die Anteile abgenommen, so z.B. in Frankfurt-Bonames, -Nieder-Eschbach und -Sachsenhausen-Süd; geblieben ist der hohe Anteil im Gallusviertel. Die Verteilung in Köln weist ein recht konstantes Muster auf, jedoch sind hier die Anteile in den Stadtteilen mit über 40 % geringer geworden. In Hamburg gibt es nur eine Tendenz zu etwas geringeren Anteilen, obgleich die Zahl der Stadtteile mit Anteilen unter 10 % von 53 auf 39 abgenommen hat; zudem gibt es noch immer die Achse von Veddel bis Waltershof mit konstant hohen Anteilen.

4. Ethnische Segregation

Ein weiteres Muster ist zu beobachten: In den meisten Städten gibt es ein Kerngebiet aus wenigen Stadtteilen mit hohen Anteilen, von dem aus sich die Anteile in benachbarte Stadtteile ausbreiten. Das trifft für alle Städte mit Ausnahme von Duisburg zu. Das Muster entspricht weitgehend dem der Ausbreitung von Ghettos der Schwarzen in nordamerikanischen Städten, wie es schon Morill (1965) dargestellt hat. Der Grund dafür, dass dieses Muster entsteht, ist, dass insbesondere Angehörige einer ethnischen Minorität ganz überwiegend in benachbarten Stadtteilen eine neue Wohnung suchen.

Tabelle 4.1: Die zehn Stadtteile mit den höchsten Ausländeranteilen 1995

1990 (N = 855)
Hamburg – Billbrook (74,2 %)
Frankfurt – Bahnhofsviertel (74,0)
Frankfurt – Gutleutviertel (56,2)
München – Schwanthalerhöhe (55,0)
München – Schwanthalerhöhe (55,0)
München – Am Schlachthof (52,9)
Duisburg – Bruckhausen (52,7)
Hamburg – Veddel (51,9)
Hamburg – St. Georg (51,7)
Hamburg – Kleiner Grasbrook (51,5)

Tabelle 4.2: Die zehn Stadtteile mit den höchsten Ausländeranteilen 2005

2005 (N = 768)
Frankfurt – Frankfurter Berg (69,7 %)
Hamburg – Kleiner Grasbrook (63,8)
Hamburg – Billbrook (59,6)
Hamburg – Veddel (53,6)
Duisburg – Bruckhausen (51,5)
Nürnberg – Dianastraße (48,0)
Nürnberg – Bärenschanze (45,5)
Dortmund – Borsigplatz (44,4)
Dortmund – Neumarkt (44,4)
Nürnberg – Gostenhof (42,0)

In den Tabellen 4.1 und 4.2 sind – analog dem Vorgehen im vorangegangenen Kapitel – die Stadtteile mit den höchsten Ausländeranteilen aufgeführt. Auf die jeweils zehn niedrigsten gehen wir nicht ein, weil sie alle aufgrund des ohnehin niedrigen Anteils von Ausländern sowohl 1990 als auch 2005 in Dresden und Leipzig liegen.

Als wir die Muster der Entwicklung darstellten, konnten wir auf einzelne Städte eingehen, nicht aber auf die Gesamtheit der Stadtteile. Diese Entwicklung ist nun in Tabelle 4.3 dargestellt; die Tabelle ist ähnlich aufgebaut wie eine Tabelle zur sozialen Mobilität. Die Prozentwerte beziehen sich auf die Verteilung der Stadtteile einer Kategorie 1990 auf die Kategorien 2005; es sind „Abstromprozente". Wenn wir ein starkes Beharrungsvermögen und eine geringe räumliche Mobilität unterstellen, dann sollten die Zellen in der Diagonalen die höchsten absoluten und relativen Werte aufweisen.

Das ist der Fall: 72 % aller Stadtteile haben 2005 noch die gleichen (gruppierten) Ausländeranteile wie 15 Jahre zuvor, in einem Viertel haben die Anteile abgenommen. Die Verteilung zeigt auch, wie gering die Zahl der Stadtteile ist, in denen weniger als 20 % Ausländer wohnen; es wären noch weniger Stadtteile, nähmen wir die beiden ostdeutschen Städte Dresden und Leipzig heraus. Schließlich ist zu erkennen, dass die Anzahl der Stadtteile mit sehr hohen Anteilen deutlich abgenommen hat. Da die Zahl der Ausländer nicht geringer geworden ist (vgl. Kapitel 1), können wir diesen Befund als eine gleichmäßigere Verteilung interpretieren, was sich auch in einem Rückgang der Segregationswerte zeigen sollte.

Tabelle 4.3: Mobilitätstabelle für Stadtteile, nach Ausländeranteil

Jahr	Anteil	2005					1990
		0-9,9	10,0-19,9	20,0-29,9	30,0-39,9	≥ 40,0	N
1990	0-9,9	11 57,9	5 26,3	1 5,3	0 0	2 10,5	19 100 %
	10,0-19,9	4 16,7	10 41,7	8 33,3	0 0	2 8,3	24 100 %
	20,0-29,9	1 1,0	21 20,4	72 69,9	9 8,7	0 0	103 100 %
	30,0-39,9	1 0,4	3 1,3	58 24,8	163 69,7	9 3,8	234 100 %
	≥ 40,0	0 0	0 0	2 0,4	104 23,2	343 76,4	449 100 %
2005	N	17	39	141	276	356	829
	%	2,1	4,7	17,0	33,3	42,9	100

4. Ethnische Segregation

Abbildung 4.1

Berlin 1991
Ausländeranteile der Stadtbezirke in %

- 30 bis 40 (1)
- 20 bis 30 (3)
- 10 bis 20 (4)
- 0 bis 10 (15)

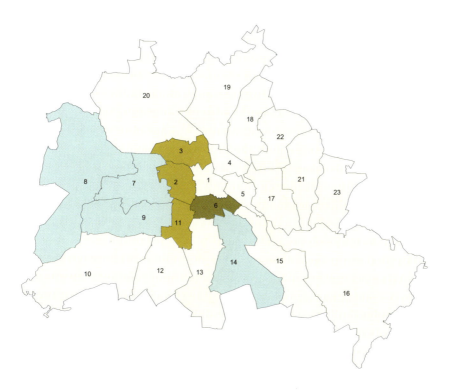

1-Mitte
2-Tiergarten
3-Wedding
4-Prenzlauer Berg
5-Friedrichshain
6-Kreuzberg
7-Charlottenburg
8-Spandau
9-Wilmersdorf
10-Zehlendorf
11-Schöneberg
12-Steglitz
13-Tempelhof
14-Neukölln
15-Treptow
16-Köpenick
17-Lichtenberg
18-Weißensee
19-Pankow
20-Reinickendorf
21-Marzahn
22-Hohenschönhausen
23-Hellersdorf

80 *4. Ethnische Segregation*
Abbildung 4.2

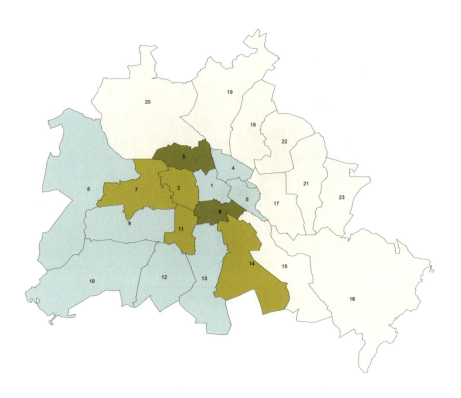

Berlin 2005
Ausländeranteile der alten Bezirke in %

- 30 bis 40 (2)
- 20 bis 30 (4)
- 10 bis 20 (8)
- 0 bis 10 (9)

1-Mitte
2-Tiergarten
3-Wedding
4-Prenzlauer Berg
5-Friedrichshain
6-Kreuzberg
7-Charlottenburg
8-Spandau
9-Wilmersdorf
10-Zehlendorf
11-Schöneberg
12-Steglitz
13-Tempelhof
14-Neukölln
15-Treptow
16-Köpenick
17-Lichtenberg
18-Weißensee
19-Pankow
20-Reinickendorf
21-Marzahn
22-Hohenschönhausen
23-Hellersdorf

4. Ethnische Segregation 81

Abbildung 4.3

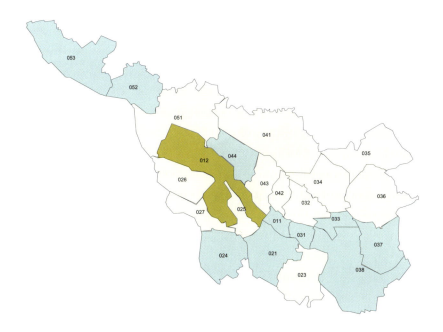

011-Mitte
012-Häfen
021-Neustadt
023-Obervieland
024-Huchting
025-Woltmershausen
026-Seehausen
027-Strom
031-Östliche Vorstadt
032-Schwachhausen
033-Vahr
034-Horn-Lehe
035-Borgfeld
036-Oberneuland
037-Osterholz
038-Hemelingen
041-Blockland
042-Findorff
043-Walle
044-Gröpelingen
051-Burglesum
052-Vegesack
053-Blumenthal

82 4. *Ethnische Segregation*
Abbildung 4.4

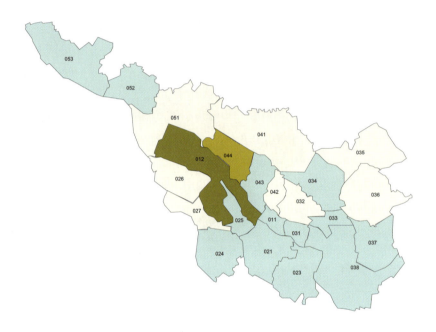

Bremen 2005
Ausländeranteile der Stadtteile in %

- 30 bis 40 (1)
- 20 bis 30 (1)
- 10 bis 20 (13)
- 0 bis 10 (8)

011-Mitte
012-Häfen
021-Neustadt
023-Obervieland
024-Huchting
025-Woltmershausen
026-Seehausen
027-Strom
031-Östliche Vorstadt
032-Schwachhausen
033-Vahr
034-Horn-Lehe

035-Borgfeld
036-Oberneuland
037-Osterholz
038-Hemelingen
041-Blockland
042-Findorff
043-Walle
044-Gröpelingen
051-Burglesum
052-Vegesack
053-Blumenthal

4. Ethnische Segregation

Abbildung 4.5

Dortmund 1990
Ausländeranteile der Stadtteile in %

- 30 bis 40 (2)
- 20 bis 30 (2)
- 10 bis 20 (10)
- 0 bis 10 (48)

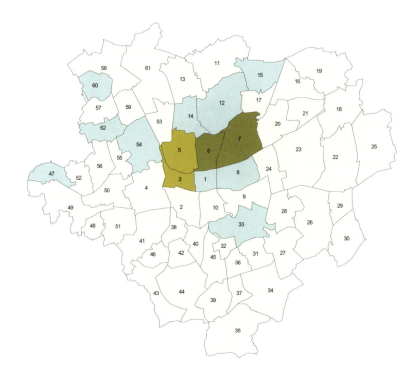

1-City	19-Lanstrop	37-Wichlinghofen	55-Jungfental-Rahm
2-Westfalenhalle	20-Alt-Scharnhorst	38-Barop	56-Kirchlinde
3-Dorstfelder Brücke	21-Scharnhorst-Ost	39-Bittermark	57-Bodelschwingh
4-Dorstfeld	22-Asseln	40-Brünninghausen	58-Mengede
5-Hafen	23-Brackel	41-Eichlinghofen	59-Nette
6-Nordmarkt	24-Wambel	42-Hombruch	60-Oestrich
7-Borsigplatz	25-Wickede	43-Persebeck-Kruckel-Schnee	61-Schwieringhausen
8-Kaiserbrunnen	26-Aplerbeck	44-Kirchhörde-Löttringhausen	62-Westerfilde
9-Westfalendamm	27-Berghofen	45-Rombergpark-Lücklemberg	
10-Ruhrallee	28-Schüren	46-Menglinghausen	
11-Brechten	29-Sölde	47-Bövinghausen	
12-Eving	30-Sölderholz	48-Kley	
13-Holthausen	31-Benninghofen	49-Lütgendortmund	
14-Lindenhorst	32-Hacheney	50-Marten	
15-Derne	33-Hörde	51-Oespel	
16-Hostedde	34-Holzen	52-Westrich	
17-Kirchderne	35-Syburg	53-Deusen	
18-Kurl-Husen	36-Wellinghofen	54-Huckarde	

Dortmund 2005
Ausländeranteile der Stadtteile in %

4. Ethnische Segregation
Abbildung 4.6

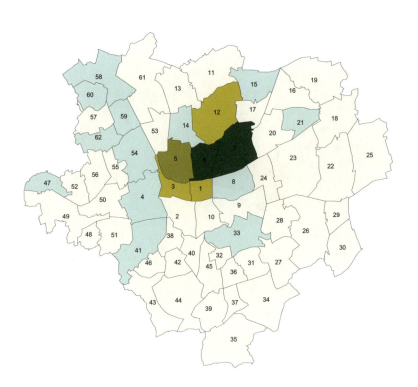

1-City	19-Lanstrop	37-Wichlinghofen	55-Jungfental-Rahm
2-Westfalenhalle	20-Alt-Scharnhorst	38-Barop	56-Kirchlinde
3-Dorstfelder Brücke	21-Scharnhorst-Ost	39-Bittermark	57-Bodelschwingh
4-Dorstfeld	22-Asseln	40-Brünninghausen	58-Mengede
5-Hafen	23-Brackel	41-Eichlinghofen	59-Nette
6-Nordmarkt	24-Wambel	42-Hombruch	60-Oestrich
7-Borsigplatz	25-Wickede	43-Persebeck-Kruckel-Schnee	61-Schwieringhausen
8-Kaiserbrunnen	26-Aplerbeck	44-Kirchhörde-Löttringhausen	62-Westerfilde
9-Westfalendamm	27-Berghofen	45-Rombergpark-Lücklemberg	
10-Ruhrallee	28-Schüren	46-Menglinghausen	
11-Brechten	29-Sölde	47-Bövinghausen	
12-Eving	30-Sölderholz	48-Kley	
13-Holthausen	31-Benninghofen	49-Lütgendortmund	
14-Lindenhorst	32-Hacheney	50-Marten	
15-Derne	33-Hörde	51-Oespel	
16-Hostedde	34-Holzen	52-Westrich	
17-Kirchderne	35-Syburg	53-Deusen	
18-Kurl-Husen	36-Wellinghofen	54-Huckarde	

4. Ethnische Segregation

Abbildung 4.7

Dresden 1990
Ausländeranteile der Stadtteile in %

- 10 bis 20 (2)
- 0 bis 10 (52)

1-Innere Altstadt
2-Pirnaische Vorstadt
3-Seevorstadt-Ost
4-Wilsdruffer Vorstadt/Seevorstadt-West
5-Friedrichstadt
6-Johannstadt-Nord
7-Johannstadt-Süd
8-Äußere Neustadt
9-Radeberger Vorstadt
10-Innere Neustadt
11-Leipziger Vorstadt
12-Albertstadt
13-Pieschen-Süd
14-Mickten
15-Kaditz
16-Trachau
17-Pieschen-Nord/Trachtenberge
18-Klotzsche
19-Hellerau/Wilschdorf
20-Flughafen/Industriegebiet Klotzsche
21-Hellerberge
22-Loschwitz/Wachwitz
23-Bühlau/Weißer Hirsch
24-Hosterwitz/Pillnitz
24-Laubegast
25-Dresdner Heide
26-Blasewitz
27-Striesen-Ost
28-Striesen-Süd
29-Striesen-West
30-Tolkewitz/Seidnitz-Nord
31-Seidnitz/Dobritz
32-Gruna
33-Leuben
35-Kleinzschachwitz
36-Großschachwitz
37-Prohlis-Nord
38-Prohlis-Süd
39-Niedersedlitz
40-Lockwitz
41-Leubnitz-Neuostra
42-Strehlen
43-Reick
44-Südvorstadt-West
45-Südvorstadt-Ost
46-Räcknitz/Zschertnitz
47-Kleinpestitz/Mockritz
48-Coschütz/Gittersee
49-Plauen
50-Cotta
51-Löbtau-Nord
52-Löbtau-Süd
53-Naußlitz
54-Gorbitz-Süd
55-Gorbitz-Ost
56-Gorbitz-N./Neu-Omsewitz
57-Briesnitz

Dresden 2005
Ausländeranteile der Stadtteile in %

- 30 bis 40 (1)
- 10 bis 20 (3)
- 0 bis 10 (49)

4. Ethnische Segregation
Abbildung 4.8

1-Innere Altstadt
2-Pirnaische Vorstadt
3-Seevorstadt-Ost
4-Wilsdruffer Vorstadt/Seevorstadt-West
5-Friedrichstadt
6-Johannstadt-Nord
7-Johannstadt-Süd
8-Äußere Neustadt
9-Radeberger Vorstadt
10-Innere Neustadt
11-Leipziger Vorstadt
12-Albertstadt
13-Pieschen-Süd
14-Mickten
15-Kaditz
16-Trachau
17-Pieschen-Nord/Trachtenberge
18-Klotzsche
19-Hellerau/Wilschdorf
20-Flughafen/Industriegebiet Klotzsche
21-Hellerberge
22-Loschwitz/Wachwitz
23-Bühlau/Weißer Hirsch
24-Hosterwitz/Pillnitz
24-Laubegast
25-Dresdner Heide
26-Blasewitz
27-Striesen-Ost
28-Striesen-Süd
29-Striesen-West
30-Tolkewitz/Seidnitz-Nord
31-Seidnitz/Dobritz
32-Gruna
33-Leuben
35-Kleinzschachwitz
36-Großschachwitz
37-Prohlis-Nord
38-Prohlis-Süd
39-Niedersedlitz
40-Lockwitz
41-Leubnitz-Neuostra
42-Strehlen
43-Reick
44-Südvorstadt-West
45-Südvorstadt-Ost
46-Räcknitz/Zschertnitz
47-Kleinpestitz/Mockritz
48-Coschütz/Gittersee
49-Plauen
50-Cotta
51-Löbtau-Nord
52-Löbtau-Süd
53-Naußlitz
54-Gorbitz-Süd
55-Gorbitz-Ost
56-Gorbitz-N./Neu-Omsewitz
57-Briesnitz

4. Ethnische Segregation

Abbildung 4.9

Düsseldorf 1990
Ausländeranteile der Stadtteile in %

- ■ 30 bis 40 (2)
- ■ 20 bis 30 (6)
- ■ 10 bis 20 (23)
- □ 0 bis 10 (18)

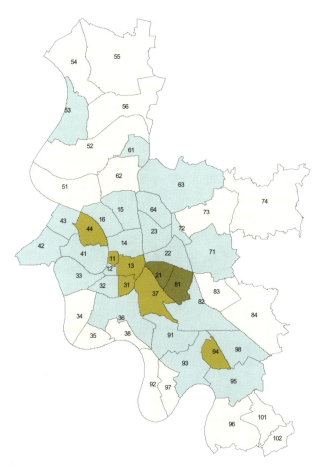

11-Altstadt
12-Karlstadt
13-Stadtmitte
14-Pempelfort
15-Derendorf
16-Golzheim
21-Flingern Süd
22-Flingern Nord
23-Düsseltal (Zooviertel)
31-Friedrichstadt
32-Unterbilk
33-Hafen
34-Hamm

35-Volmerswerth
36-Bilk
37-Oberbilk
38-Flehe
41-Oberkassel
42-Heerdt
43-Lörick
44-Niederkassel
51-Stockum
52-Lohausen
53-Kaiserswerth
54-Wittlaer

55-Angermund
56-Kalkum
61-Lichtenbroich
62-Unterrath
63-Rath
64-Mörsenbroich
71-Gerresheim
72-Grafenberg
73-Ludenberg
74-Hubbelrath
81-Lierenfeld
82-Eller

83-Vennhausen
84-Unterbach
91-Wersten
92-Himmelgeist
93-Holthausen
94-Reisholz
95-Benrath
96-Urdenbach
97-Itter
98-Hassels
101-Garath
102-Hellerhof

4. Ethnische Segregation
Abbildung 4.10

Düsseldorf 2005
Ausländeranteile der Stadtteile in %

- 30 bis 40 (4)
- 20 bis 30 (9)
- 10 bis 20 (20)
- 0 bis 10 (16)

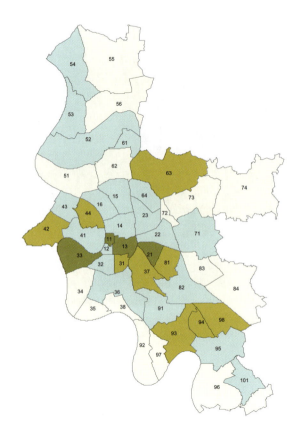

11-Altstadt	35-Volmerswerth	55-Angermund	83-Vennhausen
12-Karlstadt	36-Bilk	56-Kalkum	84-Unterbach
13-Stadtmitte	37-Oberbilk	61-Lichtenbroich	91-Wersten
14-Pempelfort	38-Flehe	62-Unterrath	92-Himmelgeist
15-Derendorf	41-Oberkassel	63-Rath	93-Holthausen
16-Golzheim	42-Heerdt	64-Mörsenbroich	94-Reisholz
21-Flingern Süd	43-Lörick	71-Gerresheim	95-Benrath
22-Flingern Nord	44-Niederkassel	72-Grafenberg	96-Urdenbach
23-Düsseltal (Zooviertel)	51-Stockum	73-Ludenberg	97-Itter
31-Friedrichstadt	52-Lohausen	74-Hubbelrath	98-Hassels
32-Unterbilk	53-Kaiserwerth	81-Lierenfeld	101-Garath
33-Hafen	54-Wittlaer	82-Eller	102-Hellerhof
34-Hamm			

4. Ethnische Segregation

Abbildung 4.11

Duisburg 1990
Ausländeranteile der Stadtteile in %

- ■ 40 bis 99 (1)
- 30 bis 40 (4)
- 20 bis 30 (5)
- 10 bis 20 (14)
- □ 0 bis 10 (22)

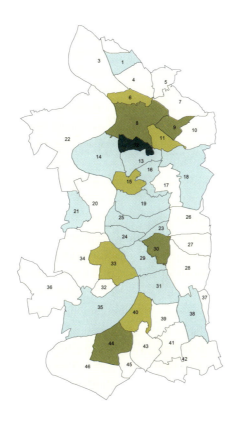

1-Vierlinden
2-Overbruch
3-Alt-Walsum
4-Aldenrade
5-Wehofen
6-Fahrn
7-Röttgersbach
8-Marxloh
9-Obermarxloh
10-Neumühl
11-Alt-Hamborn
12-Bruckhausen
13-Beeck
14-Beeckerwerth
15-Laar
16-Untermeiderich

17-Mittelmeiderich
18-Obermeiderich
19-Ruhrort
20-Alt-Homberg
21-Hochheide
22-Baerl
23-Altstadt
24-Neuenkamp
25-Kaßlerfeld
26-Duissern
27-Neudorf-Nord
28-Neudorf-Süd
29-Dellviertel
30-Hochfeld
31-Wanheimerort

32-Rheinhausen-Mitte
33-Hochemmerich
34-Bergheim
35-Friemersheim
36-Rumel-Kaldenhausen
37-Bissingheim
38-Wedau
39-Buchholz
40-Wanheim-Angerhausen
41-Großenbaum
42-Rahm
43-Huckingen
44-Hüttenheim
45-Ungelsheim
46-Mündelheim

4. Ethnische Segregation
Abbildung 4.12

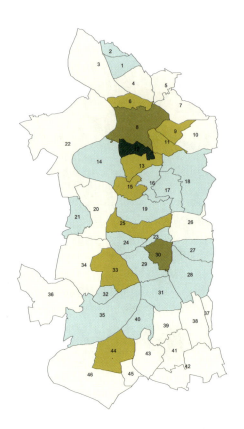

Duisburg 2005
Ausländeranteile der Ortsteile in %

- 40 bis 99 (1)
- 30 bis 40 (2)
- 20 bis 30 (8)
- 10 bis 20 (17)
- 0 bis 10 (18)

1-Vierlinden
2-Overbruch
3-Alt-Walsum
4-Aldenrade
5-Wehofen
6-Fahrn
7-Röttgersbach
8-Marxloh
9-Obermarxloh
10-Neumühl
11-Alt-Hamborn
12-Bruckhausen
13-Beeck
14-Beeckerwerth
15-Laar
16-Untermeiderich
17-Mittelmeiderich
18-Obermeiderich
19-Ruhrort
20-Alt-Homberg
21-Hochheide
22-Baerl
23-Altstadt
24-Neuenkamp
25-Kaßlerfeld
26-Duissern
27-Neudorf-Nord
28-Neudorf-Süd
29-Dellviertel
30-Hochfeld
31-Wanheimerort
32-Rheinhausen-Mitte
33-Hochemmerich
34-Bergheim
35-Friemersheim
36-Rumel-Kaldenhausen
37-Bissingheim
38-Wedau
39-Buchholz
40-Wanheim-Angerhausen
41-Großenbaum
42-Rahm
43-Huckingen
44-Hüttenheim
45-Ungelsheim
46-Mündelheim

4. Ethnische Segregation

Abbildung 4.13

Essen 1990
Ausländeranteile der Stadtteile in %

- 30 bis 40 (1)
- 20 bis 30 (1)
- 10 bis 20 (10)
- 0 bis 10 (38)

1-Stadtkern
2-Ostviertel
3-Nordviertel
4-Westviertel
5-Südviertel
6-Südostviertel
7-Altendorf
8-Frohnhausen
9-Holsterhausen
10-Rüttenscheid
11-Huttrop
12-Rellinghausen
13-Bergerhausen
14-Stadtwald
15-Fulerum
16-Schönebeck
17-Bedingrade
18-Frintrop
19-Dellwig
20-Gerschede
21-Borbeck-Mitte
22-Bochold
23-Bergeborbeck
24-Altenessen-Nord
25-Altenessen-Süd
26-Bredeney
27-Schuir
28-Haarzopf
29-Werden
30-Heidhausen
31-Heisingen
32-Kupferdreh
33-Byfang
34-Steele
35-Kray
36-Frillendorf
37-Schonnebeck
38-Stoppenberg
39-Katernberg
40-Karnap
41-Magarethenhöhe
42-Fischlaken
43-Überruhr-Hinsel
44-Überruhr-Holthausen
45-Freisenbruch
46-Horst
47-Leithe
48-Burgaltendorf
49-Kettwig
50-Vogelheim

92   *4. Ethnische Segregation*

Essen 2005
Ausländeranteile der Stadtteile in %

Abbildung 4.14

- 30 bis 40 (1)
- 20 bis 30 (4)
- 10 bis 20 (15)
- 0 bis 10 (30)

1-Stadtkern	19-Dellwig	37-Schonnebeck
2-Ostviertel	20-Gerschede	38-Stoppenberg
3-Nordviertel	21-Borbeck-Mitte	39-Katernberg
4-Westviertel	22-Bochold	40-Karnap
5-Südviertel	23-Bergeborbeck	41-Magarethenhöhe
6-Südostviertel	24-Altenessen-Nord	42-Fischlaken
7-Altendorf	25-Altenessen-Süd	43-Überruhr-Hinsel
8-Frohnhausen	26-Bredeney	44-Überruhr-Holthausen
9-Holsterhausen	27-Schuir	45-Freisenbruch
10-Rüttenscheid	28-Haarzopf	46-Horst
11-Huttrop	29-Werden	47-Leithe
12-Rellinghausen	30-Heidhausen	48-Burgaltendorf
13-Bergerhausen	31-Heisingen	49-Kettwig
14-Stadtwald	32-Kupferdreh	50-Vogelheim
15-Fulerum	33-Byfang	
16-Schönebeck	34-Steele	
17-Bedingrade	35-Kray	
18-Frintrop	36-Frillendorf	

4. Ethnische Segregation

Abbildung 4.15

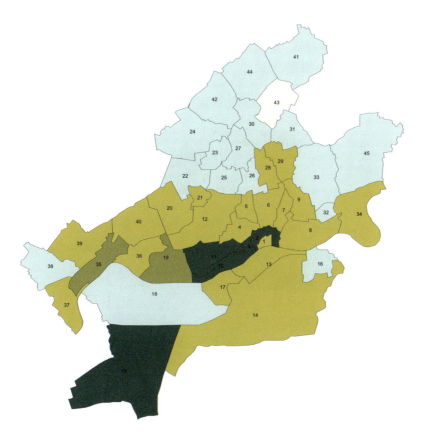

Frankfurt am Main 1990
Ausländeranteile der Stadtteile in %

- 40 bis 99 (5)
- 30 bis 40 (2)
- 20 bis 30 (20)
- 10 bis 20 (17)
- 0 bis 10   (1)

1- Altstadt
2- Innenstadt
3- Bahnhofsviertel
4- Westend-Süd
5- Westend-Nord
6- Nordend-West
7- Nordend-Ost
8- Ostend
9- Bornheim
10- Gutleutviertel
11- Gallusviertel
12- Bockenheim
13- Sachsenhausen-N.
14- Sachsenhausen-S.
15- Flughafen

16- Oberrad
17- Niederrad
18- Schwanheim
19- Griesheim
20- Rödelheim
21- Hausen
22- Praunheim
23- Heddernheim
24- Niederursel
25- Ginnheim
26- Dornbusch
27- Eschersheim
28- Eckenheim
29- Preungesheim
30- Bonames

31- Berkersheim
32- Riederwald
33- Seckbach
34- Fechenheim
35- Höchst
36- Nied
37- Sindlingen
38- Zeilsheim
39- Unterliederbach
40- Sossenheim
41- Nieder-Erlenbach
42- Kalbach
43- Harheim
44- Nieder-Eschbach
45- Bergen-Enkheim

94

4. Ethnische Segregation
Abbildung 4.16

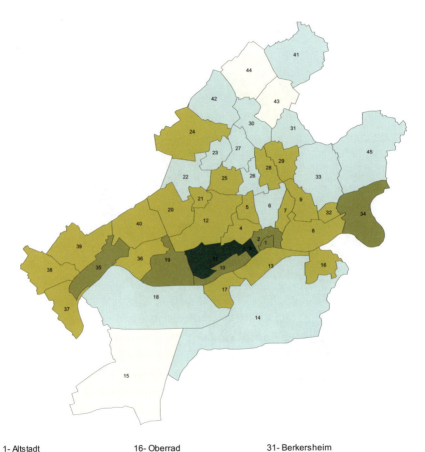

Frankfurt am Main 2005
Ausländeranteile der Stadtteile in %

- 40 bis 99 (2)
- 30 bis 40 (6)
- 20 bis 30 (21)
- 10 bis 20 (13)
- 0 bis 10 (3)

1- Altstadt	16- Oberrad	31- Berkersheim
2- Innenstadt	17- Niederrad	32- Riederwald
3- Bahnhofsviertel	18- Schwanheim	33- Seckbach
4- Westend-Süd	19- Griesheim	34- Fechenheim
5- Westend-Nord	20- Rödelheim	35- Höchst
6- Nordend-West	21- Hausen	36- Nied
7- Nordend-Ost	22- Praunheim	37- Sindlingen
8- Ostend	23- Heddernheim	38- Zeilsheim
9- Bornheim	24- Niederursel	39- Unterliederbach
10- Gutleutviertel	25- Ginnheim	40- Sossenheim
11- Gallusviertel	26- Dornbusch	41- Nieder-Erlenbach
12- Bockenheim	27- Eschersheim	42- Kalbach
13- Sachsenhausen-N.	28- Eckenheim	43- Harheim
14- Sachsenhausen-S.	29- Preungesheim	44- Nieder-Eschbach
15- Flughafen	30- Bonames	45- Bergen-Enkheim

4. Ethnische Segregation

Abbildung 4.17

Hamburg 1990
Ausländeranteile der Stadtteile in %

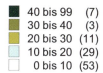

- 40 bis 99 (7)
- 30 bis 40 (3)
- 20 bis 30 (11)
- 10 bis 20 (29)
- 0 bis 10 (53)

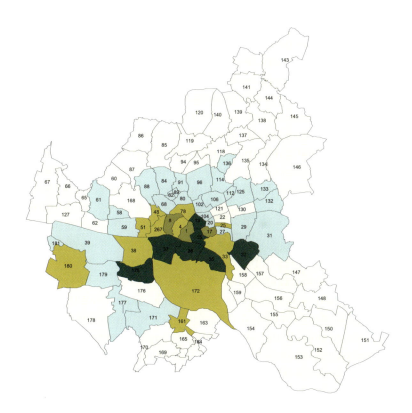

1-Hamburg-Altstadt	58-Groß Flottbek	102-Uhlenhorst	142-Duvenstedt	166-Rönneburg
4-Neustadt	59-Othmarschen	104-Hohenfelde	143-Wohldorf-Ohlstedt	167-Langenbek
8-St. Pauli	60-Lurup	106-Barmbek-Süd	144-Bergstedt	168-Bahrenfeld
13-St. Georg	61-Osdorf	112-Dulsberg	145-Volksdorf	168-Sinstorf
15-Klostertor	62-Nienstedten	114-Barmbek-Nord	146-Rahlstedt	169-Marmstorf
17-Hammerbrook	65-Iserbrook	118-Ohlsdorf	147-Lohbrügge	170-Eißendorf
20-Borgfelde	66-Sülldorf	119-Fuhlsbüttel	148-Bergedorf	171-Heimfeld
22-Hamm-Nord	67-Rissen	120-Langenhorn	150-Curslack	172-Wilhelmsburg
25-Hamm-Mitte	68-Eimsbüttel	121-Eilbek	151-Altengamme	175-Altenwerder
27-Hamm-Süd	78-Rotherbaum	125-Wandsbek	152-Neuengamme	176-Moorburg
29-Horn	80-Harvestehude	127-Blankenese	153-Kirchwerder	177-Hausbruch
31-Billstedt	82-Hoheluft-West	130-Marienthal	154-Ochsenwerder	178-Neugraben-Fischbek
32-Billbrook	84-Lokstedt	132-Jenfeld	155-Reitbrook	179-Francop
33-Rothenburgsort	85-Niendorf	133-Tonndorf	156-Allermöhe	180-Neuenfelde
35-Veddel	86-Schnelsen	134-Farmsen-Berne	157-Billwerder	181-Cranz
36-Kleiner Grasbrook	87-Eidelstedt	135-Bramfeld	158-Moorfleet	267-Altona-Altstadt
37-Steinwerder	88-Stellingen	136-Steilshoop	159-Tatenberg	
38-Waltershof	89-Hoheluft-Ost	137-Wellingsbüttel	160-Spadenland	
39-Finkenwerder	91-Eppendorf	138-Sasel	161-Harburg	
40-Neuwerk	94-Groß Borstel	139-Poppenbüttel	163-Neuland	
48-Altona-Nord	95-Alsterdorf	140-Hummelsbüttel	164-Gut Moor	
51-Ottensen	96-Winterhude	141-Lehmsahl-Mellingstedt	165-Wilstorf	

96   *4. Ethnische Segregation*
                                                                                            Abbildung 4.18

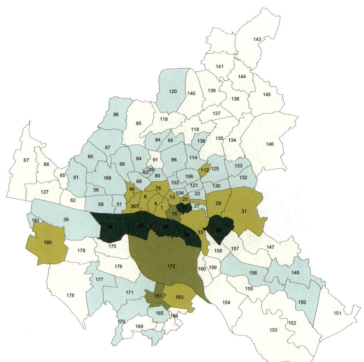

1-Hamburg-Altstadt	58-Groß Flottbek	102-Uhlenhorst	142-Duvenstedt	166-Rönneburg
4-Neustadt	59-Othmarschen	104-Hohenfelde	143-Wohldorf-Ohlstedt	167-Langenbek
8-St. Pauli	60-Lurup	106-Barmbek-Süd	144-Bergstedt	168-Bahrenfeld
13-St. Georg	61-Osdorf	112-Dulsberg	145-Volksdorf	168-Sinstorf
15-Klostertor	62-Nienstedten	114-Barmbek-Nord	146-Rahlstedt	169-Marmstorf
17-Hammerbrook	65-Iserbrook	118-Ohlsdorf	147-Lohbrügge	170-Eißendorf
20-Borgfelde	66-Sülldorf	119-Fuhlsbüttel	148-Bergedorf	171-Heimfeld
22-Hamm-Nord	67-Rissen	120-Langenhorn	150-Curslack	172-Wilhelmsburg
25-Hamm-Mitte	68-Eimsbüttel	121-Eilbek	151-Altengamme	175-Altenwerder
27-Hamm-Süd	78-Rotherbaum	125-Wandsbek	152-Neuengamme	176-Moorburg
29-Horn	80-Harvestehude	127-Blankenese	153-Kirchwerder	177-Hausbruch
31-Billstedt	82-Hoheluft-West	130-Marienthal	154-Ochsenwerder	178-Neugraben-Fischbek
32-Billbrook	84-Lokstedt	132-Jenfeld	155-Reitbrook	179-Francop
33-Rothenburgsort	85-Niendorf	133-Tonndorf	156-Allermöhe	180-Neuenfelde
35-Veddel	86-Schnelsen	134-Farmsen-Berne	157-Billwerder	181-Cranz
36-Kleiner Grasbrook	87-Eidelstedt	135-Bramfeld	158-Moorfleet	267-Altona-Altstadt
37-Steinwerder	88-Stellingen	136-Steilshoop	159-Tatenberg	
38-Waltershof	89-Hoheluft-Ost	137-Wellingsbüttel	160-Spadenland	
39-Finkenwerder	91-Eppendorf	138-Sasel	161-Harburg	
40-Neuwerk	94-Groß Borstel	139-Poppenbüttel	163-Neuland	
48-Altona-Nord	95-Alsterdorf	140-Hummelsbüttel	164-Gut Moor	
51-Ottensen	96-Winterhude	141-Lehmsahl-Mellingstedt	165-Wilstorf	

4. Ethnische Segregation

Abbildung 4.19

Hannover 1991
Ausländeranteile der Stadtteile in %

- 30 bis 40 (2)
- 20 bis 30 (3)
- 10 bis 20 (16)
- 0 bis 10 (30)

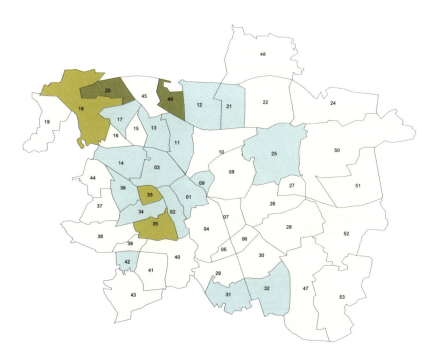

01-Mitte	14-Herrenhausen	28-Kirchrode	41-Oberricklingen
02-Calenberger Neustadt	15-Burg	29-Döhren	42-Mühlenberg
03-Nordstadt	16-Leinhausen	30-Seelhorst	43-Wettbergen
04-Südstadt	17-Ledeburg	31-Wülfel	44-Ahlem
05-Waldhausen	18-Stöcken	32-Mittelfeld	45-Vinnhorst
06-Waldheim	19-Marienwerder	33-Linden-Nord	47-Bemerode
07-Bult	20-Nordhafen	34-Linden-Mitte	48-Isernhagen-Süd
08-Zoo	21-Sahlkamp	35-Linden-Süd	49-Brink-Hafen
09-Oststadt	22-Bothfeld	36-Limmer	50-Misburg-Nord
10-List	24-Lahe	37-Davenstedt	51-Missburg-Süd
11-Vahrenwald	25-Groß-Buchholz	38-Badenstedt	52-Anderten
12-Vahrenheide	26-Kleefeld	39-Bornum	53-Wülferode
13-Hainholz	27-Heideviertel	40-Ricklingen	

4. Ethnische Segregation

Abbildung 4.20

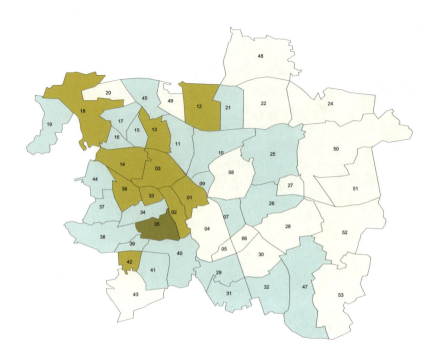

Hannover 2005
Ausländeranteile der Stadtteile in %

- 30 bis 40 (1)
- 20 bis 30 (10)
- 10 bis 20 (23)
- 0 bis 10 (17)

01-Mitte	01-Mitte	28-Kirchrode	41-Oberricklingen
02-Calenberger Neustadt	02-Calenberger Neustadt	29-Döhren	42-Mühlenberg
03-Nordstadt	03-Nordstadt	30-Seelhorst	43-Wettbergen
04-Südstadt	04-Südstadt	31-Wülfel	44-Ahlem
05-Waldhausen	05-Waldhausen	32-Mittelfeld	45-Vinnhorst
06-Waldheim	06-Waldheim	33-Linden-Nord	47-Bemerode
07-Bult	07-Bult	34-Linden-Mitte	48-Isernhagen-Süd
08-Zoo	08-Zoo	35-Linden-Süd	49-Brink-Hafen
09-Oststadt	09-Oststadt	36-Limmer	50-Misburg-Nord
10-List	10-List	37-Davenstedt	51-Misburg-Süd
11-Vahrenwald	11-Vahrenwald	38-Badenstedt	52-Anderten
12-Vahrenheide	12-Vahrenheide	39-Bornum	53-Wülferode
13-Hainholz	13-Hainholz	40-Ricklingen	

4. Ethnische Segregation

Abbildung 4.21

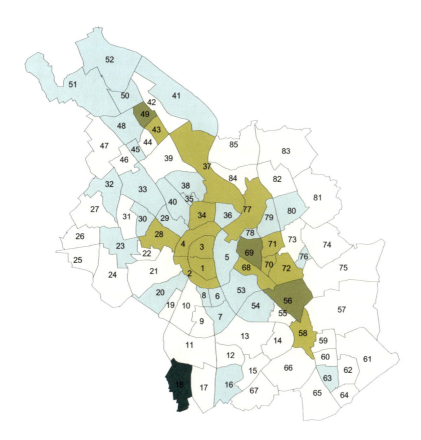

Köln 1990
Ausländeranteile der Stadtteile in %

- ■ 40 bis 99 (1)
- ■ 30 bis 40 (3)
- ■ 20 bis 30 (14)
- ■ 10 bis 20 (28)
- □ 0 bis 10 (39)

1-Altstadt-Süd	18-Meschenich	35-Mauenheim	52-Worringen	69-Kalk
2-Neustadt-Süd	19-Klettenberg	36-Riehl	53-Poll	70-Vingst
3-Altstadt-Nord	20-Sülz	37-Niehl	54-Westhoven	71-Höhenberg
4-Neustadt-Nord	21-Lindenthal	38-Weidenpesch	55-Ensen	72-Ostheim
5-Deutz	22-Braunsfeld	39-Longerich	56-Gremberghoven	73-Merheim
6-Bayenthal	23-Müngersdorf	40-Bilderstöckch.	57-Eil	74-Brück
7-Marienburg	24-Junkersdorf	41-Merkenich	58-Porz	75-Rath/Heumar
8-Raderberg	25-Weiden	42-Fühlingen	59-Urbach	76-Neubrück
9-Raderthal	26-Lövenich	43-Seeberg	60-Elsdorf	77-Mülheim
10-Zollstock	27-Widdersdorf	44-Heimersdorf	61-Grengel	78-Buchforst
11-Rondorf	28-Ehrenfeld	45-Lindweiler	62-Wahnheide	79-Buchheim
12-Hahnwald	29-Neuehrenfeld	46-Pesch	63-Wahn	80-Holweide
13-Rodenkirchen	30-Bickendorf	47-Esch/Auweiler	64-Lind	81-Dellbrück
14-Weiss	31-Vogelsang	48-Volkhov./Weiler	65-Libur	82-Höhenhaus
15-Sürth	32-Bocklem./Meng.	49-Chorweiler	66-Zündorf	83-Dünnwald
16-Godorf	33-Ossendorf	50-Blumenberg	67-Langel	84-Stammheim
17-Immendorf	34-Nippes	51-Roggendf./Then.	68-Humboldt/Grem.	85-Flittard

100   *4. Ethnische Segregation*
                                                                                   Abbildung 4.22

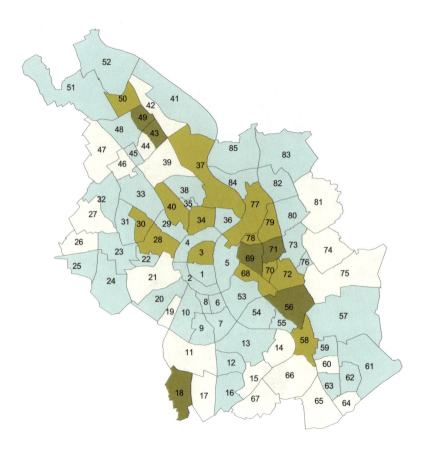

4. Ethnische Segregation

Abbildung 4.23

Leipzig 1992
Ausländeranteile der Stadtteile in %

☐ 0 bis 10 (49)

1-Zentrum
2-Zentrum-Ost
3-Zentrum-Südost
4-Zentrum-Süd
5-Zentrum-West
6-Zentrum-Nordwest
7-Zentrum-Nord
8-Schönefeld-Abtnaundorf
9-Schönefeld-Ost
10-Mockau-Süd
11-Mockau-Nord
12-Thekla
13-Plaußig-Portitz
14-Neustadt-Neuschönefeld
15-Volkmarsdorf
16-Anger-Crottendorf
17-Sellerhausen-Stünz
18-Paunsdorf
19-Heiterblick
20-Reudnitz-Thonberg
21-Stötteritz
22-Probstheida
23-Meusdorf
24-Südvorstadt
25-Connewitz
26-Marienbrunn
27-Lößnig
28-Dölitz-Dösen
29-Schleußig
30-Plagwitz
31-Kleinzschocher
32-Großzschocher
33-Knautkleeberg-Knauthain
34-Schönau
35-Grünau-Ost
36-Grünau-Mitte
37-Grünau-Siedlung
38-Lausen-Grünau
39-Grünau-Nord
40-Lindenau
41-Altlindenau
42-Neulindenau
43-Leutzsch
44-Möckern
45-Wahren
46-Gohlis-Süd
47-Gohlis-Mitte
48-Gohlis-Nord
49-Eutritzsch

102 *4. Ethnische Segregation*
Abbildung 4.24

Leipzig 2005
Ausländeranteile der Stadtteile in %

- 20 bis 30 (1)
- 10 bis 20 (6)
- 0 bis 10 (42)

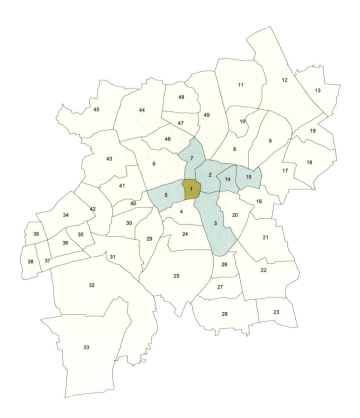

1-Zentrum	14-Neustadt-Neuschönefeld	27-Lößnig	40-Lindenau
2-Zentrum-Ost	15-Volkmarsdorf	28-Dölitz-Dösen	41-Altlindenau
3-Zentrum-Südost	16-Anger-Crottendorf	29-Schleußig	42-Neulindenau
4-Zentrum-Süd	17-Sellerhausen-Stünz	30-Plagwitz	43-Leutzsch
5-Zentrum-West	18-Paunsdorf	31-Kleinzschocher	44-Möckern
6-Zentrum-Nordwest	19-Heiterblick	32-Großzschocher	45-Wahren
7-Zentrum-Nord	20-Reudnitz-Thonberg	33-Knautkleeberg-Knauthain	46-Gohlis-Süd
8-Schönefeld-Abtnaundorf	21-Stötteritz	34-Schönau	47-Gohlis-Mitte
9-Schönefeld-Ost	22-Probstheida	35-Grünau-Ost	48-Gohlis-Nord
10-Mockau-Süd	23-Meusdorf	36-Grünau-Mitte	49-Eutritzsch
11-Mockau-Nord	24-Südvorstadt	37-Grünau-Siedlung	
12-Thekla	25-Connewitz	38-Lausen-Grünau	
13-Plaußig-Portitz	26-Marienbrunn	39-Grünau-Nord	

4. Ethnische Segregation

Abbildung 4.25

München 1993
Ausländeranteile der Stadtbezirke in %

- 40 bis 99 (1)
- 30 bis 40 (2)
- 20 bis 30 (12)
- 10 bis 20 (10)

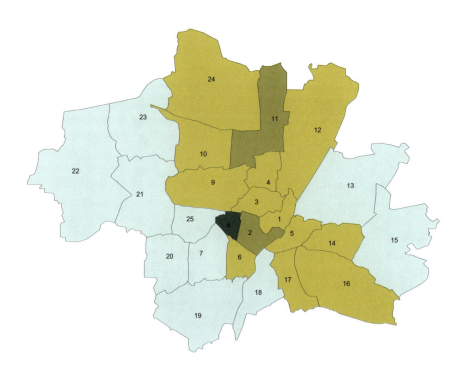

1-Altstadt - Lehel
2-Ludwigsvorstadt - Isarvorstadt
3-Maxvorstadt
4-Schwabing - West
5-Au - Haidhausen
6-Sendling
7-Sendling - Westpark
8-Schwanthalerhöhe
9-Neuhausen - Nymphenburg
10-Moosach
11-Milbertshofen - Am Hart
12-Schwabing - Freimann
13-Bogenhausen
14-Berg am Laim
15-Trudering - Riem
16-Ramersdorf - Perlach
17-Obergiesing
18-Untergiesing - Harlaching
19-Thalkirchen - Obersendling - Forstenried - Fürstenried - Solln
20-Hadern
21-Pasing - Obermenzing
22-Aubing - Lochhausen - Langwied
23-Allach - Untermenzing
24-Feldmoching - Hasenbergl
25-Laim

4. Ethnische Segregation
Abbildung 4.26

München 2000
Ausländeranteile der Stadtbezirke in %

- 40 bis 99 (1)
- 30 bis 40 (2)
- 20 bis 30 (13)
- 10 bis 20 (9)

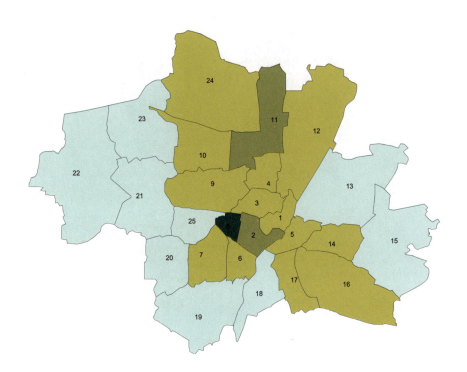

1-Altstadt - Lehel
2-Ludwigsvorstadt - Isarvorstadt
3-Maxvorstadt
4-Schwabing - West
5-Au - Haidhausen
6-Sendling
7-Sendling - Westpark
8-Schwanthalerhöhe
9-Neuhausen - Nymphenburg
10-Moosach
11-Milbertshofen - Am Hart
12-Schwabing - Freimann
13-Bogenhausen
14-Berg am Laim
15-Trudering - Riem
16-Ramersdorf - Perlach
17-Obergiesing
18-Untergiesing - Harlaching
19-Thalkirchen - Obersendling - Forstenried - Fürstenried - Solln
20-Hadern
21-Pasing - Obermenzing
22-Aubing - Lochhausen - Langwied
23-Allach - Untermenzing
24-Feldmoching - Hasenbergl
25-Laim

4. Ethnische Segregation

Nürnberg 1990
Ausländeranteile der Statistischen Bezirke in %

- 40 bis 99 (3)
- 30 bis 40 (2)
- 20 bis 30 (12)
- 10 bis 20 (27)
- 0 bis 10 (42)

Abbildung 4.27

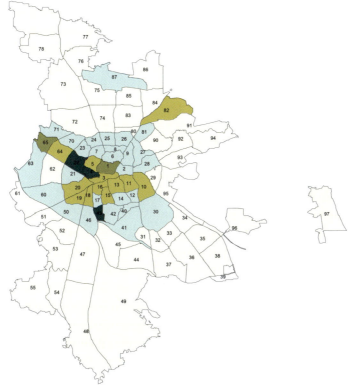

1-Altstadt, St. Lorenz
2-Marienvorstadt
3-Tafelhof
4-Gostenhof
5-Himpfelshof
6-Altstadt, St. Sebald
7-St. Johannis
8-Pirckheimerstraße
9-Wöhrd
10-Ludwigsfeld
11-Glockenhof
12-Guntherstraße
13-Galgenhof
14-Hummelstein
15-Gugelstraße
16-Steinbühl
17-Gibitzenhof
18-Sandreith
19-Schweinau
20-St. Leonhard
21-Sündersbühl
22-Bärenschanze
23-Sandberg
24-Bielingplatz
25-Uhlandstraße
26-Maxfeld
27-Veilhof
28-Tullnau
29-Gleißhammer
30-Dutzendteich
31-Rangierbf Siedlung
32-Langwasser Nordwest
33-Langwasser Nordost
34-Beuthener Straße
35-Altenfurt Nord
36-Langwasser Südost
37-Langwasser Südwest
38-Altenfurt, Moorenbrunn
39-GP Nürnberg Feucht
40-Hasenbruck
41-Rangierbahnhof
42-Katzwanger Straße
43-Dianastraße
44-Trierer Straße
45-Gartenschau
46-Werderau
47-Maiach
48-Katzwang, Reichelsdorf
49-Kornburg, Worzeldorf
50-Hohe Marter
51-Röthenbach West
52-Röthenbach Ost
53-Eibach
54-Reichelsdorf
55-Krottenb., Mühlh.
60-Großr. b. Schweinau
61-Gebersdorf
62-Gaismannshof
63-Höfen
64-Eberhardshof
65-Muggenhof
70-Westfriedhof
71-Schniegling
72-Wetzendorf
73-Buch
74-Thon
75-Almoshof
76-Kraftshof
77-Neunhof
78-Boxdorf
79-Großgründlach
80-Schleifweg
81-Schoppershof
82-Schafhof
83-Marienberg
84-Ziegelstein
85-Mooshof
86-Buchenbühl
87-Flughafen
90-St. Jobst
91-Erlenstegen
92-Mögeldorf
93-Schmausenb.
94-Laufamholz
95-Zerzabelshof
96-Fischbach
97-Brunn

4. Ethnische Segregation

Abbildung 4.28

Nürnberg 2005
Ausländeranteile der Statistischen Bezirke in %

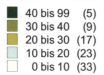

- 40 bis 99 (5)
- 30 bis 40 (9)
- 20 bis 30 (17)
- 10 bis 20 (23)
- 0 bis 10 (33)

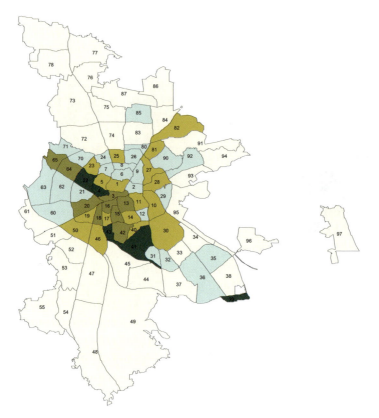

1-Altstadt, St. Lorenz	19-Schweinau	37-Langwasser Südwest	55-Krottenb., Mühlh.	81-Schoppershof
2-Marienvorstadt	20-St. Leonhard	38-Altenfurt, Moorenbrunn	60-Großr. b. Schweinau	82-Schafhof
3-Tafelhof	21-Sündersbühl	39-GP Nürnberg Feucht	61-Gebersdorf	83-Marienberg
4-Gostenhof	22-Bärenschanze	40-Hasenbruck	62-Gaismannshof	84-Ziegelstein
5-Himpfelshof	23-Sandberg	41-Rangierbahnhof	63-Höfen	85-Mooshof
6-Altstadt, St. Sebald	24-Bielingplatz	42-Katzwanger Straße	64-Eberhardshof	86-Buchenbühl
7-St. Johannis	25-Uhlandstraße	43-Dianastraße	65-Muggenhof	87-Flughafen
8-Pirckheimerstraße	26-Maxfeld	44-Trierer Straße	70-Westfriedhof	90-St. Jobst
9-Wöhrd	27-Veilhof	45-Gartenschau	71-Schniegling	91-Erlenstegen
10-Ludwigsfeld	28-Tullnau	46-Werderau	72-Wetzendorf	92-Mögeldorf
11-Glockenhof	29-Gleißhammer	47-Maiach	73-Buch	93-Schmausenb.
12-Guntherstraße	30-Dutzendteich	48-Katzwang, Reichelsdorf	74-Thon	94-Laufamholz
13-Galgenhof	31-Rangierbf Siedlung	49-Kornburg, Worzeldorf	75-Almoshof	95-Zerzabelshof
14-Hummelstein	32-Langwasser Nordwest	50-Hohe Marter	76-Kraftshof	96-Fischbach
15-Gugelstraße	33-Langwasser Nordost	51-Röthenbach West	77-Neunhof	97-Brunn
16-Steinbühl	34-Beuthener Straße	52-Röthenbach Ost	78-Boxdorf	
17-Gibitzenhof	35-Altenfurt Nord	53-Eibach	79-Großgründlach	
18-Sandreith	36-Langwasser Südost	54-Reichelsdorf	80-Schleifweg	

4. Ethnische Segregation

Abbildung 4.29

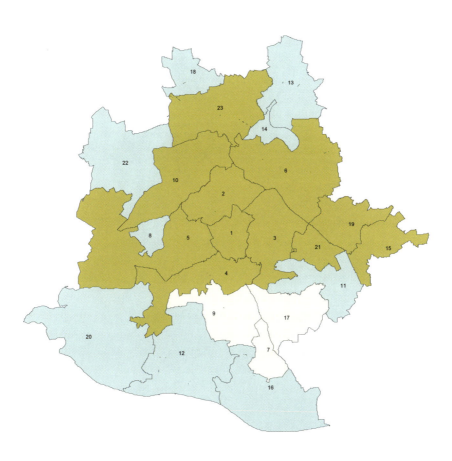

Stuttgart 1990
Ausländeranteile der Stadtbezirke in %

- 20 bis 30 (11)
- 10 bis 20 (9)
- 0 bis 10 (3)

1-Mitte
2-Nord
3-Ost
4-Süd
5-West
6-Bad Cannstatt
7-Birkach
8-Botnang
9-Degerloch
10-Feuerbach
11-Hedelfingen
12-Möhringen
13-Mühlhausen
14-Münster
15-Obertürkheim
16-Plieningen
17-Sillenbuch
18-Stammheim
19-Untertürkheim
20-Vaihingen
21-Wangen
22-Weilimdorf
23-Zuffenhausen

4. Ethnische Segregation
Abbildung 4.30

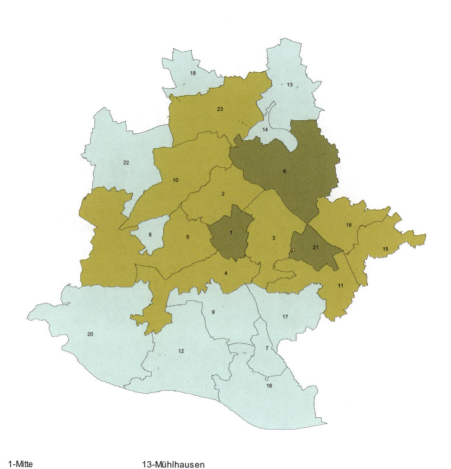

Stuttgart 2000
Ausländeranteile der Stadtbezirke in %

- 30 bis 40 (3)
- 20 bis 30 (9)
- 10 bis 20 (11)

1-Mitte
2-Nord
3-Ost
4-Süd
5-West
6-Bad Cannstatt
7-Birkach
8-Botnang
9-Degerloch
10-Feuerbach
11-Hedelfingen
12-Möhringen
13-Mühlhausen
14-Münster
15-Obertürkheim
16-Plieningen
17-Sillenbuch
18-Stammheim
19-Untertürkheim
20-Vaihingen
21-Wangen
22-Weilimdorf
23-Zuffenhausen

5. Stabilität sozialer und ethnischer Segregation?

Wir haben in den beiden vorangegangenen Kapiteln zunächst die soziale und dann die ethnische Segregation untersucht. Der vielleicht wichtigste Befund war, dass die Entwicklungen in den Städten sehr unterschiedlich sind. Tendenziell verstärken sich in Stadtteilen mit hohen Anteilen von Sozialhilfeempfängern und Ausländern diese Anteile, doch gibt es auch eine ganze Reihe von Stadtteilen, in denen ursprünglich sehr hohe Anteile in den folgenden 10 oder 15 Jahren geringer wurden. Das Ausmaß der Stabilität untersuchen wir nun genauer, ferner, ob und wie die soziale und ethnische Segregation zusammenhängen. Schließlich testen wir eine Reihe von Hypothesen, die wir in den vorangegangenen Kapiteln formuliert haben.

5.1 Stabilität: Vergleich 1990 und 2005

Die Frage nach der Stabilität ist im Grunde eine Frage danach, in welchem Zeitraum ein sozialer Wandel stattfindet, hier: sich durch (hauptsächlich) innerstädtische Wanderungen arme und nicht arme Bewohner oder deutsche und ausländische Haushalte anders verteilen. Da diese veränderten Verteilungen nicht nur aufgrund ökonomischer Chancen, sondern auch verringerter oder stärkerer Vorurteile geschehen, ist das Ausmaß der Segregation in der Tat ein Indikator für Integration oder aber Ausgrenzung („social exclusion").

Wir untersuchen die beiden Formen der Segregation zuerst getrennt. Tabelle 5.1 zeigt, dass in fast allen Städten die Anteile der Sozialhilfeempfänger zwischen 1990 und 2005 praktisch konstant geblieben sind. Die beiden Ausnahmen sind Frankfurt und Nürnberg; wir wissen allerdings nicht, wie dieses Ergebnis zu erklären ist. Die Tabelle 5.1 zeigt den gleichen starken Zusammenhang für die Anteile der Ausländer in den Städten. Erneut finden wir sehr hohe Korrelationen; eine Ausnahme ist die Stadt Leipzig, weil hier die Werte von 1990 so extrem niedrig waren.

Wie vermutet, besteht ein Zusammenhang zwischen sozialer und ethnischer Segregation; er ist erstaunlich hoch. Das lässt sich zuerst am Beispiel Kölns in Abbildung 5.1 belegen. Es ist im Grunde ein Zirkel von niedriger schulischer Qualifikation, die zu einer niedrigen beruflichen Qualifikation führt, diese wiederum erhöht das Risiko, arbeitslos zu werden (vgl. die Ausführungen zur Deindustrialisierung im Kapitel 3), und längere Arbeitslosigkeit ist die wichtigste Ursachen dafür, dann auf Sozialhilfe angewiesen zu sein. Weil hiervon Ausländer und Migranten häufiger betroffen waren, sie zudem häufig in Wohngebieten mit relativ hohen Anteilen von deutschen Arbeitslosen und Sozialhilfeempfängern wohnen, erhalten wir derartig hohe Korrelationen von Arbeitslosigkeit, Sozialhilfeempfängern und Migranten.

5. Stabilität sozialer und ethnischer Segregation?

Tabelle 5.1: Korrelation der Sozialhilfeempfänger- und der Ausländer-Anteile, 1990 und 2005

Stadt	% Sozialhilfeempfänger r*	% Ausländer r*
Berlin	1995-2005: 0,93**	0,94**
Bremen	1990-2005: 0,72**	0,95**
Dortmund	1995-2005: 0,98**	0,98**
Dresden	k.A.	0,78**
Düsseldorf	1990-2005: 0,86**	0,87**
Duisburg	2000-2005: 0,69**	0,96*
Essen	1990-2005: 0,92**	0,92**
Frankfurt	1990-2005: 0,38**	0,81**
Hamburg	1995-2005: 0,81**	0,85**
Hannover	1995-2005: 0,94**	0,92**
Köln	1995-2005: 0,90**	0,91**
Leipzig	2001-2005: 0,96**	0,38**
München	k. A.	0,89**
Nürnberg	1995-2000: 0,30**	0,91**
Stuttgart	1995-2005: 0,85**	0,97**

* p < .05, ** p < .01, *** p < .001.

Abbildung 5.1: Korrelation der Anteile von Migranten, Arbeitslosen und Sozialhilfeempfängern, Köln, 85 Stadtteile, 2005

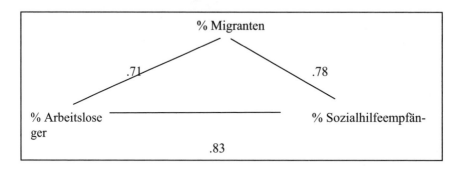

Das Beispiel Kölns gilt auch für die Korrelationen zwischen Ausländern und Sozialhilfeempfängern in fast allen untersuchten Städten, wie die Daten in Tabelle 5.2 belegen. Die Korrelation Sozialhilfeempfänger-Anteile 1990 und 2005 beträgt .74**, die der Ausländeranteile im gleichen Zeitraum .90**. Einen mittleren Zusammenhang finden wir 2005 zwischen den Anteile der Sozialhilfeempfänger und dem der Ausländer mit .50**.

Wenngleich nicht alle Korrelationen für die einzelnen Städte signifikant sind, bleibt doch zu untersuchen, warum in Düsseldorf, Frankfurt, Hamburg und München in Stadttei-

5. Stabilität sozialer und ethnischer Segregation?

len mit einem hohen Anteil von Ausländern nicht auch hohe Anteile von Sozialhilfeempfängern wohnen.

Tabelle 5.2: Korrelation der Anteile von Sozialhilfeempfängern und Ausländern*

Stadt	Jahr	r
Berlin	2000	0,88**
Bremen	2005	0,72**
Dortmund	2005	0,81**
Dresden	2000	0,41**
Düsseldorf	2005	0,57**
Duisburg	2005	0,65**
Essen	2005	0,90**
Frankfurt	2005	0,55**
Hamburg	2005	0,46**
Hannover	2005	0,79**
Köln	2005	0,79**
Leipzig	2005	0,62**
München	2001	0,56**
Nürnberg	2000	0,75**
Stuttgart	2005	0,70**

* $p < .05$, ** $p < .01$, *** $p < .001$.

Das zentrale Ergebnis ist Tabelle 5.3 und Abbildung 5.2 zu entnehmen: Die Segregation der Armen nimmt in den 15 Jahren zu, diejenige der Ausländer hingegen ab. Die ethnische Segregation nimmt in 13 von 15 Großstädten ab. Am stärksten hat sie sich in Hamburg (25.2 auf 20.0), Hannover (25.5 auf 20.9), Berlin (33.5 auf 28.2) und Stuttgart (15,8 auf 13,7) vermindert, am höchsten zugenommen in Dresden (27.8 auf 31.1).

Tabelle 5.3: Ethnische und soziale Segregation (IS), alle Stadtteile aller Städte, 1990, 1995, 2000, 2005

	1990	1995	2000	2005
Ethnisch	29,5	26,3	25,6	25,2
N	856	858	882	771
Sozial	20,8	21,2	23,4	23,8
N	190	517	882	600

Die gegenläufigen Entwicklungen lassen sich noch genauer an den Veränderungen zwischen den drei Zeiträumen belegen. Von 1990 bis 1995 nahm im Mittel der Anteil der Sozialhilfeempfänger um 0,4 Prozentpunkte ab; die ärmsten 10 % der Stadtteile verzeichneten eine Abnahme um 5,3 Prozentpunkte, die reichsten 10 % dagegen eine Zunahme um 0,6 Prozentpunkte. In der nächsten Periode von 1995 bis 2000 betrug die mittlere Veränderung nur +0,2 Prozentpunkte; in den ärmsten Stadtteilen 0,0 Prozentpunkte, in den reichsten +0,1; die Anteil veränderten sich also fast nicht.

Abbildung 5.2: Ethnische und soziale Segregation (IS), alle Städte, 1990, 1995, 200, 2005

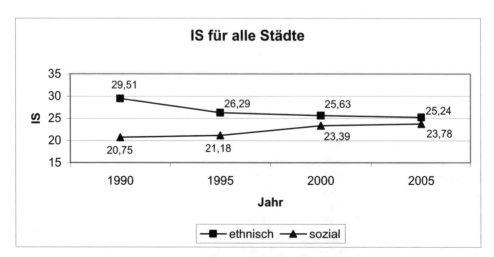

Im Zeitraum 2000 bis 2005 nahmen die Anteile im Mittel um 0,6 Prozentpunkte zu; die ärmsten 10 % um 1,2 Prozentpunkte, die reichsten nur um 0,3 Prozentpunkte. Während der erste Zeitraum noch von einer abnehmenden Spaltung gekennzeichnet war, auf die eine Periode der Stabilität folgte, ist seit 2000 eine zunehmende Polarisierung zu beobachten.

Eine fast entgegengesetzte Entwicklung ist für die Ausländeranteile festzustellen. Von 1990 bis 1995 nahm der Ausländeranteil im Mittel um 2,4 Prozentpunkte zu; die 10 % der Stadtteile mit dem niedrigsten Ausländeranteil verzeichneten eine Zunahme um 1,8 Prozentpunkte, diejenigen mit den höchsten Anteilen eine Zunahme um 2,7 Prozentpunkte. In der Periode von 1995 bis 2000 betrug die mittlere Veränderung 0,0 Prozentpunkte; in den Stadtteilen mit den niedrigsten Anteilen +0,5 Prozentpunkte, in denen mit den höchsten Anteilen nahmen die Anteil um 4,8 Prozentpunkte ab. In der letzten Periode 2000 bis 2005 nahmen die Anteile im Mittel um 0,4 Prozentpunkte ab; in den Stadtteilen mit den niedrigsten Anteilen um 0,3 Prozentpunkte zu, in denen mit den höchsten Anteilen um 4,0 Prozentpunkte. Während bei der ethnischen Entwicklung der erste Zeitraum noch von einer zunehmenden Spaltung gekennzeichnet war, ist sowohl für die nächste Periode als auch für die Zeit ab 2000 eine abnehmende Polarisierung zu beobachten.

5.2 Erklärungen

Wir haben in den vorangegangenen Kapiteln theoretische Ansätze und empirische Forschungsergebnisse dargestellt und auf dieser Basis Hypothesen über ethnische und soziale Segregation formuliert, die in unserer Studie von 15 Großstädten getestet werden sollten. Der Test der Hypothesen soll in diesem Kapitel erfolgen, wobei wir nun auch untersuchen, welcher Zusammenhang zwischen der bislang getrennt behandelten sozialen und ethnischen Segregation besteht. Wir hatten folgende Hypothesen formuliert:

5. Stabilität sozialer und ethnischer Segregation?

1. Es besteht ein positiver Zusammenhang zwischen der Bevölkerungsgröße und der Segregation, weil wir vermuten, mit steigender Größe nehme auch die soziale, mit ihr wiederum die sozial-räumliche Differenzierung zu.

2. Wir vermuten, dass mit einem höheren Anteil von Ausländern in einer Stadt die Segregation abnimmt. Diese Hypothese liegt bereits der Studie von Marshall und Jiobu (1975) zugrunde. Die implizite Annahme ist, dass, je mehr Ausländer in einer Stadt sind, auch deren Konkurrenz sowohl untereinander als auch mit Deutschen um preiswerten Wohnraum zunimmt, weshalb zwangsläufig eine hohe ethnische Mischung eintreten dürfte.

3. Die dritte Annahme lautet, mit einer steigenden Zahl von Sozialwohnungen nähme die Segregation zu. Die dieser Hypothese zugrunde liegenden Annahmen sind, dass Migranten, die in der Mehrzahl über ein niedriges Einkommen verfügen, nur geringe Optionen auf dem Wohnungsmarkt haben und deshalb mit hoher Wahrscheinlichkeit auf die Sozialwohnungen angewiesen sind. Da diese in wenigen Stadtteilen konzentriert sind, würde dies zwangsläufig zu einer stärkeren Konzentration und Segregation führen.

Abbildung 5.2: Korrelation des Migrantenanteils mit dem Index der Segregation (IS), 2000

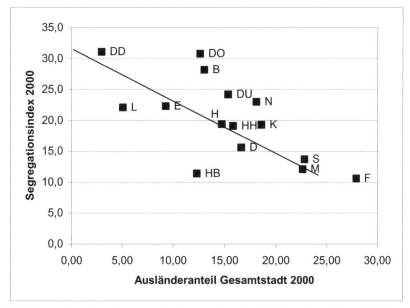

4. Die letzte Annahme lautet, mit einer steigenden Fluktuation nähme die Segregation zu. Ist die Fluktuation hoch, so wird unterstellt, es handle sich um selektive Fortzüge (vgl. die Annahmen von Farwick und Jargowsky). Unklar ist jedoch, ob die Fortzüge der Deutschen einen höheren Effekt auf die Segregation haben als die Fortzüge der Ausländer.

Die Hypothese zur Beziehung zwischen Einwohnerzahl und Segregation lässt sich mit den Daten in Abbildung 5.2 testen. Die gegensätzlichen Städte sind eben diejenigen mit den geringsten und höchsten Ausländeranteilen, Dresden und Frankfurt. Es ist sehr deutlich, dass mit steigendem Anteil der Ausländer die Segregation sinkt. Das lässt sich nur erklären, wenn wir auf die mikrosoziologischen Hypothesen im Abschnitt 4.1 zurückgehen. Mit einer Vielzahl von Ausländern in einer Stadt steigen die Chancen, Ausländer in der Nachbarschaft zu haben und überhaupt zu treffen. Damit könnte es, wie in dem Modell in Abbildung 4.1 behauptet, in der Tat zu multiplexen Kontakten und verringerten Vorurteilen kommen.

Die Annahme, es gäbe selektive Fortzüge, lässt sich noch eingehender anhand einer Studie der innerstädtischen Wanderungen untersuchen. Die Studie beruht auf Daten über die Umzüge zwischen den 85 Stadtteilen Kölns im Jahre 2005, getrennt für Deutsche und Ausländer (Friedrichs und Nonnemacher 2008). Das unerwartete Ergebnis lautet: Es sind die Wanderungssalden der Deutschen, die mit steigendem Anteil der Migranten zunehmen (Abbildungen 5.3 und 5.4). Es handelt sich also um eine (selektive) Zuwanderung von deutschen Haushalten in Wohngebiete mit einem hohen Migrantenanteil. Hingegen variieren die Wanderungssalden der Migranten nicht mit deren Anteil in einem Stadtteil.

Abbildung 5.3: Anteil der Migranten und Wanderungssaldo der Deutschen, Köln, 85 Stadtteile, 2005

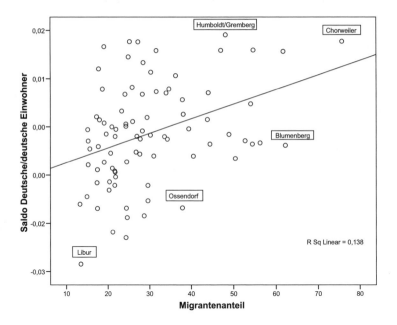

Wir führen nun die unterschiedlichen Annahmen zusammen und um die Effekte der einzelnen demographischen Variablen auf die Anteile der Sozialhilfeempfänger und der Ausländer zu bestimmen. In Tabelle 5.4 sind die Ergebnisse der multiplen Regression dargestellt. Auffällig sind zunächst die hohen erklärten Varianzen, mithin erfassen wir mit diesen wenigen demographischen Variablen einen großen Teil der Bestimmungsgründe dafür, warum die Anteile hoch oder niedrig sind.

Abbildung 5.4: Anteil der Migranten und Wanderungssaldo der Migranten, Köln, 85 Stadtteile 2005

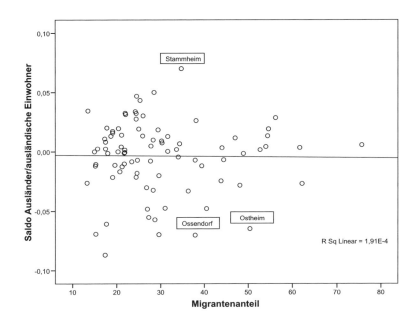

Die stärksten Effekte auf die Anteile der Sozialhilfeempfänger und die Ausländeranteile gehen von den Fortzügen der Deutschen aus: Je geringer die Fortzüge sind, desto höher sind die beiden Anteile. Dabei ist zu beachten, dass die Höhe des Anteils der Sozialhilfeempfänger von den gesamten Fortzügen positiv beeinflusst wird. Je mehr Personen fortziehen, desto höher sind demnach die Konzentrationen von Sozialhilfeempfängern, und dies wird vor allem dadurch bewirkt, dass die deutschen Bewohner nicht ausziehen.

Ähnlich verhält es sich mit den Ausländeranteilen: Sie steigen, wenn die Deutschen nicht ausziehen, wohl aber die Ausländer. Wir haben es also in beiden Fällen mit selektiven Fortzügen zumindest der ausländischen Bewohner zu tun.

Die Anteile sind auch höher, wenn die Fluktuation hoch ist, also Zu- und Fortzüge. Ferner hat – wie zu erwarten war – die Arbeitslosenquote einen positiven Effekt auf die Höhe der Anteils der Sozialhilfeempfänger in einem Stadtteil, aber einen negativen auf die Höhe des Anteils der Ausländer.

Eine sehr wichtige Hypothese lautete: Mit der Höhe des Ausländeranteils nehme die ethnische Segregation ab. Das ist in der Tat der Fall, die Korrelation der Anteile 1990 zu 2005 beträgt -.71 (p>.01). Die Extreme sind im Jahr 2000 Frankfurt mit 27,5 % Ausländeranteil und einem IS von 10,5, im Gegensatz zu Dresden mit einem Ausländeranteil von 2,8 % und einem IS von 31,5. (Alle vier Werte sind jeweils die extremen Werte.) Wenn wir annehmen, die jeweils neu zuziehenden Angehörigen von Minoritäten hätten eine relativ schlechtere Qualifikation, dann sind sie auf den preiswerten Wohnraum angewiesen und verdrängen die relativ besser gestellten Angehörigen früher zugewanderter Minoritäten – die vermutlich auch sozial aufgestiegen sind.

Tabelle 5.4: Erklärungen der Anteile von Sozialhilfeempfängern (SHE) und Ausländern, multiple Regressionen[1], Daten für 2005

Variable	% SHE	% Ausländer
Bevölkerung	.16**	.19**
Arbeitslosenquote	.52***	.33***
Fluktuationsquote	.29***	.45***
Fortzüge insgesamt	.50***	.08
Fortzüge Deutsche	-.58***	-.65***
Fortzüge Ausländer	.10	.49***
Anteil Sozialwohnungen	.33***	.08*
Korr. R^2	.63	.59

1 standardisierte Regressionskoeffizienten beta.

Schließlich haben wie die Annahme formuliert, die ökonomischen Bedingungen einer Stadt hätten einen Einfluss auf das Ausmaß der Segregation: Je günstiger die Bedingungen, desto geringer sei die soziale und die ethnische Segregation. Dieser Annahme liegt die Hypothese zugrunde, in einer wachsenden Wirtschaft wären die Möglichkeiten für Sozialhilfeempfänger, Arbeitslose, aber auch für Angehörige ethnischer Gruppen mit niedriger Qualifikation erheblich besser, in den Arbeitsmarkt integriert zu werden. Diese Integration wiederum bedeutet, über mehr Einkommen zu verfügen und damit auch mehr Optionen auf dem Wohnungsmarkt zu haben. Es ist dann für einen Haushalt leichter möglich, in eine „bessere" Wohngegend umzuziehen, was auf der Aggregatebene der Stadt zu einer stärkeren sozial-räumlichen Mischung führen dürfte, mithin zu sinkenden Werten des Index der Dissimilarität. Im umgekehrten Fall wäre eine steigende Segregation in wachstumsstarken Städten damit zu begründen, dass die gestiegenen Wahlmöglichkeiten zu einer stärkeren Entmischung führen, weil insbesondere die Mittelschicht von den verbesserte Einkommensmöglichkeiten profitiert und die Angehörigen der Majorität dann aus ethnisch gemischten Gebieten und aus Gebieten mit einem höheren Anteil von Sozialhilfeempfängern ausziehen.

Wir können diese gegensätzlichen Annahmen nur sehr grob und unzureichend testen, indem wir die Städtecluster von Pohlan und Wixforth nehmen (vgl. Abschnitt 2.2) und den Städten die Werte für die soziale und die ethnische Segregation zuordnen. Das Ergebnis ist enttäuschend: Es gibt sehr unterschiedliche Entwicklungen in den einzelnen Clustern. So nimmt im Cluster C1 in Berlin die ethnische Segregation ab, diejenige in Leipzig hingegen zu. Die soziale Segregation nimmt in Bremen zu, in Berlin bleibt sie praktisch konstant. Im Cluster C3 gibt es ein einheitliches Muster für die soziale Segregation, die durchweg zunimmt (nur in Hannover bleibt sie konstant). Die ethnische Segregation nimmt in drei der Städte ab, in Essen nimmt sie zu. Völlig entgegengesetzt sind die Entwicklungen im Cluster C4, in Düsseldorf, Hamburg und Nürnberg nimmt die soziale Segregation zu, in Frankfurt und Stuttgart ab. Einheitlicher ist das Bild für die ethnische Segregation, die bis auf Düsseldorf in allen Städten abnimmt.

Von den sechs Städten im Cluster mit der günstigsten Entwicklung nimmt demnach die soziale Segregation eher zu, die ethnische hingegen fast durchweg ab. Die soziale Segregation hingegen, die viel enger mit den wirtschaftlichen Bedingungen in den Städten zusammenhängen sollte, hängt überhaupt nicht mit den wirtschaftlichen Bedingungen der Cluster zusammen, und die postulierte Reihenfolge in der Höhe der Indizes von C1 – C2 – C3 – C4 trifft nicht zu. Der von Politikern oft unterstellte trickle-down-Effekt ökonomischer Entwicklung einer Stadt schlägt offenkundig nicht auf die ärmere Bevölkerung durch, erreicht aber einen Teil der Migranten. Auf diese Entkoppelung von Beschäftigungsentwicklung und Arbeitslosigkeit hat bereits Läpple (2003: 196) hingewiesen.

5.3 Zusammenfassung

Wir haben in dieser Analyse von 15 deutschen Großstädten sehr viel Material in Form von Statistiken und thematischen Karten ausgebreitet. Die Analyse beruhte auf Theorien und empirischen Befunden in der Literatur, die dann die Grundlage für die Hypothesen über die Entwicklungen in den Städten waren. Die umfangreichen Auswertungen der Daten lassen sich in übersichtlicher Form folgendermaßen zusammenfassen:

- Die Einkommensungleichheit bleibt stabil, aber es gibt einen steigenden Anteil armer Personen. Die ärmeren Personen haben zwischen 2001 und 2004 aber in erheblich geringerem Maße einen Aufstieg in die nächste höhere Einkommensgruppe erreichen können.

- Die soziale Segregation hat zwischen 1990 und 2000/2005 zugenommen, die ethnische Segregation hat abgenommen. Die Städte sind eher sozial als ethnisch gespalten.

- Trotzdem besteht eine hohe räumliche Korrelation zwischen der Segregation der Armen und der Migranten.

- Je höher der Anteil der Migranten in einer Stadt, desto geringer ist deren Segregation.

- Am Beispiel Kölns lässt sich zeigen, dass die Dissimilarität zwischen Deutschen und Migranten abgenommen, zwischen den Migrantengruppen aber zugenommen hat. Die räumliche Polarisierung ist durch innerstädtische Wanderungen vor allem der deutschen Bewohner/innen verringert worden.

- Das Wirtschaftswachstum in den von uns untersuchten Städten schlägt kaum oder gar nicht auf die ärmere Bevölkerung durch, eher schon auf die Chancen der Migranten.

6. Dokumentation

In diesem Kapitel dokumentieren wir für jede der 15 Städte ausgewählte statistische Daten. Damit wird es möglich, über die Karten hinaus die individuelle Entwicklung jeder Stadt – im Rahmen dieser Daten – nachzuvollziehen. Sodann gestatten die Daten es auch, nicht nur die gesamtstädtische, sondern auch die Entwicklung einzelner Stadtteile mit extremen Anteilen von Sozialhilfeempfängern und Ausländern zu erkennen. Schließlich untersuchen wir mit Hilfe multipler Regressionen, wie sich die hohen Anteile von Sozialhilfeempfängern und Arbeitslosen und die Entwicklung der Anteile zwischen 1990 und 2005 in den Stadtteilen erklären lassen. Dabei beschränken wir uns auf diejenigen Merkmale, die einen signifikanten Effekt auf die abhängigen Variablen haben.

Die Dokumentation ist für alle Städte gleich aufgebaut.

- Gesamtstädtische Daten für die Jahre 1990, 1995, 2000 und 2005 (Bevölkerung, Ausländer, Ausländeranteil, Arbeitslosenquote, Sozialhilfeempfänger, Sozialhilfeempfänger-Anteil, Wohnungszahl, Zahl an Sozialwohnungen, Zuzüge insgesamt, Zuzüge von Deutschen, Zuzüge von Nicht-Deutschen, Fortzüge insgesamt, Fortzüge von deutschen und Fortzüge von Nicht-Deutschen)
- Segregationsindizes (IS sozial und IS ethnisch, ebenfalls für alle Zeitpunkte)
- Listen der ärmsten Stadtteile (definiert über den Anteil der Sozialhilfeempfänger an der Stadtteilbevölkerung in Prozent, für alle Zeitpunkte)
- Listen der reichsten Stadtteile (definiert über den Anteil der Sozialhilfeempfänger an der Stadtteilbevölkerung in Prozent, für alle Zeitpunkte)
- Liste der Stadtteile mit der stärksten Zunahme und Abnahme des Sozialhilfeempfänger-Anteils 1990-2005
- Liste der Stadtteile mit den höchsten Ausländeranteilen (alle Zeitpunkte)
- Liste der Stadtteile mit den niedrigsten Ausländeranteilen (alle Zeitpunkte)
- Liste der Städte mit der stärksten Zunahme und Abnahme des Ausländeranteils 1990-2005
- Regressionen mit den abhängigen Variablen Sozialhilfeempfänger-Anteil 2005, Ausländeranteil 2005, Entwicklung des Sozialhilfeempfänger-Anteils 1990-2005 und Entwicklung des Ausländer-Anteils 1990-2005

Falls Daten für einen der genannten Zeitpunkte fehlten, wurde auf einen alternativen Zeitpunkt zurückgegriffen. Wir betonen nochmals, dass wir uns über Jahre darum bemüht haben, von den Statistischen Ämtern der Städte die erforderlichen Daten zu erhalten.

6.1 Berlin

Tabelle 6.1.1: Gesamtstädtische Daten Berlin

Variable	1991	1995	2000	2005
Bevölkerung	3.444.000	3.617.000	3.331.000	3.339.000
Ausländer	355.000	436.000	435.000	461.000
Ausländer-Anteil in %	10,3	12,1	13,1	13,8
Arbeitslosenquote in %	8.2*	9,0	10,5	13,3
Sozialhilfeempfänger	189.000	171.000	266.000	276.000
SHE-Anteil in %	5,5	4,7	8,0	8,3
Wohnungen	1.706.000**	1.770.000	1.863.000	1.881.000
Sozialwohnungen	376.000**	357.000	268.000	208.000
Zuzüge insgesamt	258.000	337.000	332.000	270.000
Zuzüge Deutsche	173.000	207.000	236.000	192.000
Zuzüge Nicht-Deutsche	85.000	129.000	95.000	77.000
Fortzüge insgesamt	233.000	327.000	332.000	260.000
Fortzüge Deutsche	173.000	223.000	243.000	200.000
Fortzüge Nicht-Deutsche	59.000	103.000	89.000	59.000

*1993
**1990

Tabelle 6.1.2: Segregationsindizes

	1991	1995	2000	2005
IS ethnisch	33,5	26,3	28,2	27,1 30,2*
IS sozial	19,7	19,9	19,2	k. A.

*für 2005 lagen Daten auf der Grundlage der 195 Statistischen Gebiete Berlins vor (Durchschnittsgröße: 17.125 Einwohner)

Tabelle 6.1.3: Ärmste Stadtbezirke Berlins, Anteil der Sozialhilfeempfänger an der Stadtteilbevölkerung, in Prozent

Ärmste Stadtbezirke	
1995	**2000**
Kreuzberg (12,4)	Kreuzberg (17,7)
Tiergarten (9,1)	Wedding (19,9)
Wedding (8,0)	Neukölln (13,4)
Neukölln (6,2)	Tiergarten (12,1)
Schöneberg (6,0)	Schöneberg (9,1)

Die stärkste Zunahme des Sozialhilfeempfänger-Anteils (1995 – 2000):
- Wedding (+ 8,9 %-Punkte)
- Neukölln (+ 7,2 %-Punkte)

Tabelle 6.1.3: Reichste Stadtbezirke Berlins, Anteil der Sozialhilfeempfänger an der Stadtteilbevölkerung, in Prozent

Reichste Stadtbezirke	
1995	**2000**
Zehlendorf (1,9)	Zehlendorf (1,9)
Lichtenberg (2,1)	Köpenick (2,8)
Treptow (2,4)	Treptow (2,4)
Hohenschönhausen (2,4)	Weißensee (2,8)
Köpenick (2,8)	Steglitz (3,1)

Tabelle 6.1.4: Ausländeranteile in den Stadtbezirken Berlins, hohe Ausländerkonzentration, in Prozent

Hohe Ausländerkonzentration			
1990	**1995**	**2000**	**2005**
Kreuzberg (31,5)	Kreuzberg (31,4)	Kreuzberg (33,0)	Wedding (33,5)
Wedding (24,9)	Wedding (27,1)	Wedding (31,3)	Kreuzberg (31,8)
Tiergarten (22,4)	Tiergarten (23,7)	Tiergarten (28,9)	Tiergarten (29,8)
Schöneberg (20,4)	Schöneberg (20,7)	Schöneberg (22,6)	Schöneberg (22,4)
Neukölln (16,9)	Neukölln (18,4)	Neukölln (21,3)	Neukölln (22,2)

Die stärkste Zunahme des Ausländeranteils (1990 – 2005):
- Mitte (+ 12,6 %-Punkte)
- Friedrichshain (+ 9,6 %-Punkte)
- Prenzlauer Berg (+ 9,5 %-Punkte)
- Wedding (+ 8,6 %-Punkte)
- Tiergarten (+ 7,4 %-Punkte)

Tabelle 6.1.5: Ausländeranteile in den Stadtbezirken Berlins, niedrige Ausländerkonzentration, in Prozent

Niedrige Ausländerkonzentration			
1990	**1995**	**2000**	**2005**
Treptow (0,8)	Hellersdorf (2,7)	Hellersdorf (2,4)	Hellersdorf (2,2)
Köpenick (1,1)	Köpenick (3,3)	Weißensee (2,6)	Köpenick (3,0)
Weißensee (1,2)	Marzahn (3,6)	Köpenick (3,4)	Weißensee (3,2)
Hellersdorf (1,5)	Weißensee (3,6)	Treptow (3,6)	Pankow (3,8)
Prenzl. Berg (1,6)	Pankow (3,8)	Marzahn (3,7)	Treptow (3,9)

Tabelle 6.1.6: Regressionen Berlin, angegeben ist beta, Daten für 2000

Unabhängige Variablen	Abhängige Variable			
	% SHE 00	% Ausländer 00	SHE 00-05	Ausländer 90-05
Arbeitslosendichte	0,30***			
Anteil an Sozialwohnungen	0,55***	0,48***		
Fortzüge Nicht-Deutsche	0,60***	0,90***		
Bevölkerung	-0,72*	-0,85***		
Saldo Bevölkerung		-0,18*		
Saldo Ausländer			0,45*	
Fortzüge Deutsche				1,44*

6.2 Bremen

Tabelle 6.2.1: Gesamtstädtische Daten Bremen

Variable	1990	1995	2000	2005
Bevölkerung	551.000	549.000	539.000	547.000
Ausländer	57.000	70.000	66.000	72.000
Ausländer-Anteil in %	10,3	12,8	12,2	13,2
Arbeitslosenquote in %	8,0	8,0	8,6	11,0
Sozialhilfeempfänger	45.000	45.000	49.000	45.000
SHE-Anteil in %	8,2	8,2	9,1	8,2
Wohnungen	257.000*	272.000	281.000	286.000
Sozialwohnungen	84.000*	56.000	22.000	14.000
Zuzüge insgesamt	31.000	24.000	23.000	24.000
Zuzüge Deutsche	19.000	15.000	16.000	17.000
Zuzüge Nicht-Deutsche	12.000	9.000	7.000	7.000
Fortzüge insgesamt	23.000	22.000	22.000	21.000
Fortzüge Deutsche	15.000	17.000	16.000	16.000
Fortzüge Nicht-Deutsche	8.000	6.000	6.000	5.000

*1987

Tab. 6.2.2: Segregationsindizes

	1990	1995	2000	2005
IS ethnisch	12,5	12,0	12,7	13,0
IS sozial	15,1	k. A.	15,5	17,1

Tab. 6.2.3: Ärmste Stadtteile Bremens, Anteil der Sozialhilfeempfänger an der Stadtteilbevölkerung, in Prozent

Ärmste Stadtteile		
1990	**2000**	**2005**
Osterholz (12,6)	Osterholz (14,5)	Gröpelingen (15,4)
Gröpelingen (12,4)	Gröpelingen (14,4)	Osterholz (12,5)
Mitte (12,4)	Vahr (13,8)	Vahr (11,4)
Neustadt (10,6)	Huchting (11,4)	Woltmershausen (10,8)
Woltmershausen (10,1)	Woltmershausen (11,0)	Blumenthal (10,6)

Stärkste Zunahme des Sozialhilfeempfänger-Anteils (1900 – 2005):
- Blumenthal (+ 3,0 %-Punkte)
- Gröpelingen (+ 3,0 % Punkte)

Tabelle: 6.2.4: Reichste Stadtteile Bremens, Anteil der Sozialhilfeempfänger an der Stadtteilbevölkerung, in Prozent

Reichste Stadtteile	
2000	**2005**
Borgfeld (1,5)	Blockland (0,0)
Oberneuland (1,9)	Borgfeld (0,6)
Blockland (2,0)	Seehausen (1,3)
Seehausen (2,3)	Oberneuland (1,8)
Strom (2,6)	Strom (2,0)

Stärkste Abnahme Sozialhilfeempfänger-Anteils (1900 – 2005):
- Mitte (- 4,8 %-Punkte)
- Östliche Vorstadt (- 4,1 %-Punkte)

Tab. 6.2.5: Ausländeranteile in den Stadtteilen Bremens, hohe Ausländerkonzentration, in Prozent

Hohe Ausländerkonzentration			
1990	**1995**	**2000**	**2005**
Häfen (24,4)	Häfen (74,3)	Häfen (35,9)	Häfen (30,8)
Gröpelingen (16,1)	Gröpelingen (19,0)	Gröpelingen (20,2)	Gröpelingen (23,5)
Osterholz (16,1)	Osterholz (18,4)	Osterholz (17,3)	Mitte (17,7)
Mitte (15,1)	Mitte (18,4)	Mitte (16,6)	Vahr (16,5)
Neustadt (12,1)	Neustadt (14,9)	Neustadt (14,7)	Osterholz (16,1)

Stärkste Zunahme des Ausländeranteils (1990 – 2005):
- Gröpelingen (+ 7,4 %-Punkte)
- Seehausen (+ 6,4 %-Punkte)
- Häfen (+ 6,4 %-Punkte)

Tab. 6.2.6: Ausländeranteile in den Stadtteilen Bremens, niedrige Ausländerkonzentration, in Prozent

Niedrige Ausländerkonzentration			
1990	**1995**	**2000**	**2005**
Seehausen (0,3)	Seehausen (0,9)	Strom (0,7)	Strom (1,6)
Blockland (1,6)	Blockland (1,2)	Blockland (1,7)	Blockland (3,9)
Strom (2,4)	Strom (1,7)	Seehausen (2,6)	Borgfeld (4,3)
Borgfeld (2,5)	Borgfeld (3,1)	Borgfeld (2,9)	Oberneuland (5,3)
Oberneuland (4,4)	Schwachhausen (5,8)	Oberneuland (5,0)	Seehausen (6,7)

Stärkste Abnahme des Ausländeranteils (1990 – 2005):
- Strom (unter einem %-Punkt)
- Osterholz (unter einem %-Punkt)

Tabelle 6.2.7: Regressionen Bremen, angegeben ist beta, Daten für 2005

Unabhängige Variablen	Abhängige Variable			
	% SHE 05	% Ausländer 05	SHE 90-05	Ausländer 90-05
Arbeitslosendichte	0,88***	0,37***		
Zuzüge Nicht-Deutsche	0,41*	0,73***		
Fluktuationsquote	-0,34**	0,58***		
Fortzüge Deutsche	-0,46*	-0,60**		

6.3 Dortmund

Tabelle 6.3.1: Gesamtstädtische Daten Dortmund

Variable	1990	1995	2000	2005
Bevölkerung	606.000	601.000	585.000	586.000
Ausländer	61.000	75.000	74.000	74.000
Ausländer-Anteil in %	10,0	12,5	12,6	12,6
Arbeitslosenquote in %	7,3	9,1	9,7	12,9
Sozialhilfeempfänger	47.000	44.000	35.000	37.000
SHE-Anteil in %	7,8	7,3	6,0	6,3
Wohnungen	277.000*	294.000**	298.000	304.000
Sozialwohnungen	105.000*	61.000	54.000	31.000
Zuzüge insgesamt	68.000	70.000	78.000	23.000
Zuzüge Deutsche	51.000	50.000	59.000	15.000
Zuzüge Nicht-Deutsche	17.000	19.000	20.000	8.000
Fortzüge insgesamt	60.000	72.000	81.000	22.000
Fortzüge Deutsche	47.000	55.000	60.000	16.000
Fortzüge Nicht-Deutsche	13.000	17.000	20.000	7.000

*1987
**1997

Tabelle 6.3.2: Segregationsindizes

	1990	1995	2000	2005
IS ethnisch	33,7**	31,6**	30,8**	30,6**
IS sozial	k. A.	11,7* k.A.**	13,9* 25,2**	14,3* 26,8**

*auf Stadtbezirkebene
**auf Stadtteilebene

Tabelle 6.3.3: Ärmste Stadtteile Dortmunds, Anteil der Sozialhilfeempfänger an der Stadtteilbevölkerung, in Prozent

Ärmste Stadtteile	
2000	**2005**
Nordmarkt (14,4)	Nordmarkt (16,9)
Scharnhorst-Ost (13,7)	Borsigplatz (16,5)
Borsigplatz (13,4)	Scharnhorst-Ost (15,3)
Hörde (12,0)	Westerfilde (13,6)
Westerfilde (11,7)	Hörde (12,8)

Stärkste Zunahme des Sozialhilfeempfänger-Anteils (2000 – 2005):
- Borsigplatz (+ 3,1 %-Punkte)
- Lindenhorst (+ 2,6 %-Punkte)

6. Dokumentation

- Nordmarkt (+2,5 %-Punkte)

Tabelle 6.3.4: Reichste Stadtteile Dortmunds, Anteil der Sozialhilfeempfänger an der Stadtteilbevölkerung, in Prozent

Reichste Stadtteile	
2000	**2005**
Wichlinghofen (0,5)	Rombergpark-Lücklemberg (0,6)
Bittermark (0,5)	Bittermark (0,6)
Rombergpark-Lücklemberg (0,6)	Sölderholz (0,7)
Holthausen (0,6)	Holthausen (0,9)
Syburg (0,7)	Syburg (0,9)

Stärkste Abnahme des Sozialhilfeempfänger-Anteils (2000 – 2005):
- Menglinghausen (- 1,8 %-Punkte)
- Bövinghausen (- 1,6 %-Punkte)

Tabelle 6.3.5: Ausländeranteile in den Stadtteilen Dortmunds, hohe Ausländerkonzentration, in Prozent

Hohe Ausländerkonzentration			
1990	**1995**	**2000**	**2005**
Borsigplatz (36,6)	Borsigplatz (44,8)	Borsigplatz (46,7)	Borsigplatz (44,4)
Nordmarkt (35,9)	Nordmarkt (42,1)	Nordmarkt (45,1)	Nordmarkt (44,4)
Hafen (28,1)	Hafen (32,9)	Hafen (33,8)	Hafen (34,3)
Dorstfelder Brücke (22,9)	Dorstfelder Brücke (26,8)	Dorstfelder Brücke (26,4)	Dorstfelder Brücke (23,8)
Eving (17,3)	Eving (19,5)	City (20,6)	Eving (20,9)

Stärkste Zunahme des Ausländeranteils (1990 – 2005):
- Nordmarkt (+ 8,5 %-Punkte)
- Borsigplatz (+ 7,8 %-Punkte)
- Hafen (+ 6,1 %-Punkte)
- Scharnhorst-Ost (+ 5,8 %-Punkte)

Tabelle 6.3.6: Ausländeranteile in den Stadtteilen Dortmunds, niedrige Ausländerkonzentration, in Prozent

Niedrige Ausländerkonzentration			
1990	**1995**	**2000**	**2005**
Sölderholz (1,0)	Persebeck-Kruckel-Schnee (1,5)	Holthausen (1,5)	Holthausen (0,9)
Wichlinghofen (1,5)	Sölderholz (1,5)	Sölderholz (1,8)	Sölderholz (1,9)
Schwieringhausen (1,7)	Wichlinghofen (2,3)	Persebeck-Kruckel-Schnee (2,2)	Wichlinghofen (2,2)

| Brünninghausen (1,7) | Brechten (2,4) | Westrich (2,2) | Bittermark (2,5) |
| Westrich (1,8) | Holthausen (2,5) | Brechten (2,3) | Brechten (2,7) |

Stärkste Abnahme des Ausländeranteils (1990 – 2005):
- Holthausen (- 1,2 %-Punkte)
- Derne (- 0,8 %-Punkte)
- Deusen (- 0,7 %-Punkte)
- Lanstrop (- 0,7 %-Punkte)

Tabelle: 6.3.7: Regressionen Dortmund, angegeben ist beta, Daten für 2005

Unabhängige Variablen	Abhängige Variable			
	% SHE 05	% Ausländer 05	SHE 00-05	Ausländer 90-05
Arbeitslosendichte	0,89***	0,58***	0,45*	
% Sozialwohnungen	0,09*			0,28**
Fortzüge Nicht-Deutsche		0,57***		0,82***
Saldo Deutsche			-0,28*	
Fortzüge Deutsche		-0,42**		

6.4 Dresden

Tabelle 6.4.1: Gesamtstädtische Daten Dresden

Variable	1990	1995	2000	2005
Bevölkerung	489.000	465.000	472.000	487.000
Ausländer	8.000	12.000	13.000	19.000
Ausländer-Anteil in %	1,6	2,6	2,8	3,9
Arbeitslosenquote in %	7,7*	7,7	11,0	10,8
Sozialhilfeempfänger	4.000**	6.000	14.000	18.000
SHE-Anteil in %	0,8	1,3	3,0	3,7
Wohnungen	k. A.	k. A.	k. A.	294.000
Sozialwohnungen	k. A.	k. A.	k. A.	0
Zuzüge insgesamt	12.000*	19.000	22.000	27.000
Zuzüge Deutsche	k. A.	k. A.	k. A.	k. A.
Zuzüge Nicht-Deutsche	k. A.	k. A.	k. A.	k. A.
Fortzüge insgesamt	12.000*	23.000	20.000	19.000
Fortzüge Deutsche	k. A.	k. A.	k. A.	k. A.
Fortzüge Nicht-Deutsche	k. A.	k. A.	k. A.	k. A.

*1992
**1991

Tabelle 6.4.2: Segregationsindizes

	1990	1995	2000	2005
IS ethnisch	27,1	28,8	31,5	30,3
IS sozial	k. A.	k. A.	26,6	k. A.

Tabelle 6.4.3: Ärmste Stadtteile Dresdens, Anteil der Sozialhilfeempfänger an der Stadtteilbevölkerung, in Prozent

Ärmste Stadtteile 2000
Friedrichstadt (8,8)
Äußere Neustadt (7,4)
Pieschen-Süd (6,7)
Reick (6,5)
Leipziger Vorstadt (5,8)

Tabelle 6.4.4: Reichste Stadtteile Dresdens, über dem Anteil der Sozialhilfeempfänger an der Stadtteilbevölkerung, in Prozent

Reichste Stadtteile 2000
Gönnsdorf/Pappritz (0,2)
Altfranken/Gompitz (0,3)
Hosterwitz/Pillnitz (0,3)
Schönfeld/Schullwitz (0,6)
Kleinzschachwitz (0,6)

Tabelle 6.4.5: Ausländeranteile in den Stadtteilen Dresdens, hohe Ausländerkonzentration, in Prozent

Hohe Ausländerkonzentration			
1990	1995	2000	2005
Hellerberge (15,3)	Dresdner Heide (93,4)	Dresdner Heide (90,7 %)	Südvorstadt-Ost (31,4 %)
Südvorstadt-Ost (13,5)	Flughafen/ Industriegebiet Klotzsche (62,5)	Südvorstadt-Ost (23,2)	Friedrichstadt (10,9)
Albertstadt (9,0)	Hellerberge (38,5)	Friedrichstadt (10,5)	Innere Altstadt (10,3)
Johannstadt-Süd (4,8)	Albertstadt (22,6)	Albertstadt (9,8)	Innere Neustadt (10,2)
Großschachwitz (4,0)	Südvorstadt-Ost (18,7)	Innere Altstadt (7,5)	Seevorstadt-Ost (9,4)

Stärkste Zunahme des Ausländeranteils (1990 – 2005):
- Südvorstadt-Ost (+ 17,9 %-Punkte)
- Innere Altstadt (+ 8,7 %-Punkte)
- Friedrichstadt (+ 8,7 %-Punkte)
- Innere Neustadt (+ 8,6 %-Punkte)
- Johannesstadt-Nord (+ 7,1 %-Punkte)

Tabelle 6.4.6: Ausländeranteile in den Stadtteilen Dresdens, niedrige Ausländerkonzentration, in Prozent

Niedrige Ausländerkonzentration			
1990	**1995**	**2000**	**2005**
Hellerau/Wilschdorf (0,4)	Gorbitz-Nord/Neu-Omsewitz (0,7)	Schönfeld/Schullwitz (0,4)	Schönfeld/Schullwitz (0,5)
Kaditz (0,5)	Räcknitz/Zschertnitz (0,8)	Hosterwitz/Pillnitz (0,6)	Altfranken/Gompitz (0,6)
Briesnitz (0,5)	Gorbitz-Ost (0,8)	Gönnsdorf/Pappritz (0,7)	Hellerau/Wilschdorf (0,8)
Hosterwitz/Pillnitz (0,6)	Kleinpestitz/Mockritz (0,9)	Altfranken/Gompitz (0,7)	Cossebaude/Mobschatz/Oberwartha (0,9)
Kleinzschachwitz (0,6)	Naußlitz (0,9)	Laubegast (0,7)	Kleinzschachwitz (0,9)

Stärkste Abnahme des Ausländeranteils (1990 – 2005):
- Großschachwitz (- 2,6 %-Punkte)
- Albertstadt (- 1,7 %-Punkte)
- Leubnitz-Neuostra (- 1,6 %-Punkte)
- Leuben (- 0,5 %-Punkte)

Tab. 6.4.7: Regressionen Dresden, angegeben ist b, Daten für 2000 und 2005

Unabhängige Variabeln	% SHE 00	% Ausländer 05	Ausländer 90-05
Arbeitslosendichte 00	0,57***		
Fluktuationsquote 00	0,45***		
Fluktuationsquote 05		0,71***	0,54***
Arbeitslosendichte 05		-0,23*	

6.5 Düsseldorf

Tabelle 6.5.1: Gesamtstädtische Daten Düsseldorf

	1990	1995	2000	2005
Bevölkerung	576.000	571.000	569.000	577.000
Ausländer	80.000	90.000	95.000	98.000
Ausländer-Anteil in %	13,9	15,8	16,7	17,0
Arbeitslosenquote in %	6,5	8,0	6,8	9,5
Sozialhilfeempfänger	33.000	30.000	30.000	35.000
SHE-Anteil in %	5,7	5,2	5,3	6,0
Wohnungen	292.000*	314.000**	323.000***	331.000
Sozialwohnungen	77.000*	39.000**	35.000***	33.000
Zuzüge insgesamt	30.000	33.000	32.000	35.000
Zuzüge Deutsche	19.000	19.000	20.000	21.000
Zuzüge Nicht-Deutsche	11.000	15.000	13.000	14.000
Fortzüge insgesamt	27.000	33.000	29.000	31.000
Fortzüge Deutsche	20.000	21.000	20.000	21.000
Fortzüge Nicht-Deutsche	7.000	12.000	9.000	11.000

*1987
**1996
***1999

Tabelle 6.5.2: Segregationsindizes

	1990	1995	2000	2005
IS ethnisch	16,5	16,6	15,7	18,8
IS sozial	18,8	20,3	21,2	24,0

Tabelle 6.5.3: Ärmste Stadtteile Düsseldorfs, Anteil der Sozialhilfeempfänger an der Stadtteilbevölkerung, in Prozent

Ärmste Stadtteile			
1990	1995	2000	2005
Garath (13,5)	Garath (11,6)	Garath (12,1)	Lierenfeld (14,3)
Flingern Süd (10,4)	Hafen (9,7)	Hassels (11,4)	Hassels (13,0)
Lierenfeld (10,0)	Oberbilk (6,5)	Flingern Süd (9,5)	Garath (12,6)
Heerdt (9,9)	Friedrichstadt (9,3)	Lierenfeld (9,4)	Flingern Süd (12,4)
Friedrichstadt (9,7)	Lierenfeld (9,2)	Oberbilk (8,1)	Flingern Nord (9,2)

Stärkste Zunahme des Sozialhilfeempfänger-Anteils (1990 – 2005):
- Hassels (+ 6,0 %-Punkte)
- Lierenfeld(+ 4,3 %-Punkte)
- Lichtenbroich (+ 3,7 %-Punkte)
- Holthausen (+ 3,4 %-Punkte).

Tabelle 6.5.4: Reichste Stadtteile Düsseldorfs, Anteil der Sozialhilfeempfänger an der Stadtteilbevölkerung, in Prozent

Reichste Stadtteile			
1990	**1995**	**2000**	**2005**
Wittlaer (0,5)	Wittlaer (0,4)	Kalkum (0,5)	Grafenberg (0,2)
Kalkum (0,7)	Kalkum (0,6)	Niederkassel (0,6)	Kalkum (0,5)
Niederkassel (0,9)	Hubbelrath (0,8)	Kaiserwerth (0,9)	Niederkassel (0,7)
Kaiserwerth (1,2)	Stockum (0,9)	Lohausen (0,9)	Kaiserwerth (0,8)
Unterbach (1,2)	Niederkassel (1,2)	Hubbelrath (0,9)	Angermund (1,0)

Stärkste Abnahme Sozialhilfeempfänger-Anteils (1990 – 2005):
- Grafenberg(-4,0 %-Punkte)
- Heerdt (-2,9 %-Punkte)
- Friedrichstadt (-2,5 %-Punkte)
- Unterbilk (-2,4 %-Punkte).

Tabelle 6.5.5: Ausländeranteile in den Stadtteile Düsseldorfs, hohe Ausländerkonzentration, in Prozent

Hohe Ausländerkonzentration			
1990	**1995**	**2000**	**2005**
Flingern Süd (31,5)	Flingern Süd (34,3)	Flingern Süd (34,8)	Flingern Süd (34,3)
Lierenfeld (30,2)	Reisholz (32,3)	Hafen (32,8)	Hafen (32,9)
Reisholz (29,0)	Lierenfeld (30,2)	Stadtmitte (31,3)	Stadtmitte (32,6)
Stadtmitte (26,2)	Stadtmitte (28,8)	Altstadt (29,6)	Altstadt (31,6)
Oberbilk (23,2)	Oberbilk (26,8)	Oberbilk (28,3)	Oberbilk (29,0)

Stärkste Zunahme des Ausländeranteils (1990 – 2005):
- Hafen (+ 16,1 %-Punkte)
- Altstadt (+ 9,5 %-Punkte)
- Stadtmitte (+ 6,4 %-Punkte)
- Holthausen (+ 6,4 %-Punkte)
- Wittlaer (+ 6,4 %-Punkte).

Tabelle 6.5.6: Ausländeranteile in den Stadtteile Düsseldorfs, niedrige Ausländerkonzentration, in Prozent

Niedrige Ausländerkonzentration			
1990	**1995**	**2000**	**2005**
Urdenbach (2,5)	Urdenbach (2,0)	Urdenbach (2,8)	Grafenberg (1,8)
Hellerhof (3,0)	Himmelgeist (3,5)	Unterbach (4,8)	Urdenbach (3,0)
Itter (3,8)	Itter (3,9)	Himmelgeist (5,1)	Hellerhof (4,8)
Unterbach (3,9)	Unterbach (4,2)	Itter (5,2)	Unterbach (4,9)
Himmelgeist (4,2)	Vennhausen (5,6)	Hubbelrath (6,1)	Himmelgeist (4,9)

Stärkste Abnahme des Ausländeranteils (1990 – 2005):
- Grafenberg (- 9,9 %-Punkte)
- Lierenfeld (- 8,7 %-Punkte)
- Reisholz (- 6,0 %-Punkte)
- Niederkassel (- 2,3 %-Punkte)
- Hamm (- 2,1 %-Punkte)

Tabelle 6.5.7: Regressionen Düsseldorf, angegeben ist beta, Daten für 2005

Unabhängige Variablen	Abhängige Variable			
	% SHE 05	% Ausländer 05	SHE 90-05	Ausländer 90-05
Arbeitslosendichte	0,58***	0,54***		
% Sozialwohnungen	0,48***			
Fortzüge Nicht-Deutsche	0,79**			
Saldo Nicht-Deutsche	-0,55**			0,78*
Fluktuationsquote		0,48***		

6.6 Duisburg

Tabelle 6.6.1: Gesamtstädtische Daten Duisburg

	1990	1995	2000	2005
Bevölkerung	535.000	535.000	514.000	501.000
Ausländer	76.000	89.000	79.000	76.000
Ausländer-Anteil in %	14,2	16,6	15,4	15,2
Arbeitslosenquote in %	6,8	9,3	9,0	12,6
Sozialhilfeempfänger	34.000	26.000	32.000	34.000
SHE-Anteil in %	6,4	4,9	6,2	6,8
Wohnungen	242.000*	250.000**	258.000	261.000
Sozialwohnungen	109.000*	63.000**	43.000	36.000
Zuzüge insgesamt	60.000	65.000	62.000	56.000
Zuzüge Deutsche	41.000	42.000	45.000	42.000
Zuzüge Nicht-Deutsche	20.000	23.000	17.000	14.000
Fortzüge insgesamt	57.000	65.000	65.000	57.000
Fortzüge Deutsche	40.000	44.000	48.000	44.000
Fortzüge Nicht-Deutsche	16.000	20.000	17.000	13.000

*1987
**1996

Tabelle 6.6.2: Segregationsindizes

	1990	1995	2000	2005
IS ethnisch	27,2	23,8	24,3	23,9
IS sozial	k. A.	k. A.	19,0	22,4

Tabelle 6.6.3: Ärmste Stadtteile Duisburg, Anteil der Sozialhilfeempfänger an der Stadtteilbevölkerung, in Prozent

Ärmste Stadtteile	
2000	**2005**
Ruhrort (13,1)	Hochheide (14,0)
Bruckhausen (11,2)	Marxloh (12,7)
Marxloh (10,8)	Hochfeld (12,0)
Laar (10,4)	Obermeiderich (11,2)
Untermeiderich (10,3)	Obermarxloh (9,8)

Stärkste Zunahme des Sozialhilfeempfänger-Anteils (2000 – 2005):
- Hochheide (+ 5,9 %-Punkte)
- Fahrn (+ 3,1 %-Punkte)
- Obermeiderich (+ 3,0 %-Punkte)
- Hochfeld (+ 2,9 %-Punkte)
- Rheinhausen-Mitte (+ 2,6 %-Punkte)

Tabelle 6.6.4: Reichste Stadtteile Duisburg, Anteil der Sozialhilfeempfänger an der Stadtteilbevölkerung, in Prozent

Reichste Stadtteile	
2000	**2005**
Mündelheim (1,8)	Baerl (0,3)
Rahm (2,0)	Alt-Walsum (0,9)
Wedau (2,3)	Kaßlerfeld (1,0)
Bissingheim (2,5	Wedau (1,1)
Buchholz (2,5)	Rahm (1,1)

Stärkste Abnahme des Sozialhilfeempfänger-Anteils (2000 – 2005):
- Ruhrort (- 8,1 %-Punkte)
- Kaßlerfeld (- 7,5 %-Punkte)
- Beeckerwerth (- 4,6 %-Punkte)
- Untermeiderich (- 3,7 %-Punkte)
- Baerl (- 3,6 %-Punkte)

Tabelle 6.6.5: Ausländeranteile in den Stadtteilen Duisburgs, hohe Ausländer-Konzentration, in Prozent

Hohe Ausländerkonzentration			
1990	**1995**	**2000**	**2005**
Bruckhausen (52,7)	Bruckhausen (57,5)	Bruckhausen (51,5)	Bruckhausen (51,5)
Hüttenheim (33,7)	Hochfeld (36,8)	Hochfeld (36,3)	Hochfeld (38,1)
Marxloh (32,7)	Hüttenheim (32,7)	Marxloh (34,7)	Marxloh (34,1)
Hochfeld (32,0)	Obermarxloh (32,4)	Obermarxloh (29,4)	Obermarxloh (26,9)
Obermarxloh (30,2)	Fahrn (30,5)	Kaßlerfeld (27,2)	Kaßlerfeld (26,1)

Stärkste Zunahme des Ausländeranteils (1990 – 2005):
- Kaßlerfeld (+ 7,4 %-Punkte)
- Hochfeld (+ 6,2 %-Punkte)
- Hochheide (+ 5,6 %-Punkte)
- Rheinhausen-Mitte (+ 5,0 %-Punkte)
- Aldenrade (+ 4,6 %-Punkte).

Tabelle 6.6.6: Ausländeranteile in den Stadtteilen Duisburgs, niedrige Ausländerkonzentration, in Prozent

Niedrige Ausländerkonzentration			
1990	**1995**	**2000**	**2005**
Rahm (2,1)	Rahm (3,2)	Ungelsheim (3,2)	Ungelsheim (3,1)
Baerl (2,2)	Mündelheim (3,7)	Rahm (3,7)	Rahm (3,3)
Mündelheim (2,9)	Ungelsheim (4,2)	Mündelheim (4,1)	Mündelheim (3,6)
Ungelsheim (3,4)	Buchholz (4,7)	Buchholz (4,3)	Alt-Walsum (4,8)
Aldenrade (3,5)	Rumel-Kaldenhausen (6,2)	Alt-Walsum (5,0)	Buchholz (4,8)

Stärkste Abnahme des Ausländeranteils (1990 – 2005):
- Hüttenheim (- 9,1 %-Punkte)
- Wedau (- 4,3 %-Punkte)
- Wanheim-Angerhausen (- 3,7 %-Punkte)
- Obermarxloh (- 3,3 %-Punkte)
- Bissingheim (- 3,0 %-Punkte).

Tabelle 6.6.7: Regressionen Duisburg, angegeben ist beta, Daten für 2005

Unabhängige Variablen	Abhängige Variable		
	% SHE 05	% Ausländer 05 SHE 00-05	Ausländer 90-05
Arbeitslosendichte	0,41*	0,47***	
Fortzüge Deutsche		-0,99**	
Fortzüge Nicht-Deutsche	0,60**	0,35**	0,90***
Saldo Nicht-Deutsche		0,20*	
Bevölkerung		0,69*	
Fluktuationsquote			-0,91**

6.7 Essen

Tabelle 6.7.1: Gesamtstädtische Daten Essen

Variable	1990	1995	2000	2005
Bevölkerung	630.000	616.000	596.000	588.000
Ausländer	48.000	56.000	55.000	58.000
Ausländer-Anteil in %	7,6	9,1	9,2	9,9
Arbeitslosenquote in %	7,8[1]	8,2[4]	7,7	11,4
Sozialhilfeempfänger	40.000[2]	38.000[5]	36.000	52.000
SHE-Anteil in %	6,3[2]	6,2[5]	6,0	8,8
Wohnungen	303.000[3]	310.000[6]	319.000[7]	320.000
Sozialwohnungen	111.000[3]	55.000[6]	43.000[7]	34.000
Zuzüge insgesamt	21.000	17.000	19.000	20.000
Zuzüge Deutsche	15.000	12.000	14.000	14.000
Zuzüge Nicht-Deutsche	7.000	6.000	5.000	6.000
Fortzüge insgesamt	16.000	20.000	20.000	20.000
Fortzüge Deutsche	13.000	15.000	16.000	15.000
Fortzüge Nicht-Deutsche	3.000	5.000	4.000	4.000

[1]1989 [2]1991 [3]1987 [4]1996 [5]1994 [6]1997 [7]2003

Tabelle 6.7.2: Segregationsindizes

	1990	1995	2000	2005
IS ethnisch	21,6	21,1	22,3	23,4
IS sozial	22,6	22,6	24,2	24,1

Tabelle 6.7.3: Ärmste Stadtteile Essens, Anteil der Sozialhilfeempfänger an der Stadtteilbevölkerung, in Prozent

Ärmste Stadtteile			
1991	1994	2000	2005
Westviertel (26,4)	Westviertel (15,5)	Stadtkern (18,1)	Westviertel (28,4)
Nordviertel (17,5)	Stadtkern (15,1)	Ostviertel (12,8)	Stadtkern (24,3)
Stadtkern (16,4)	Nordviertel (13,5)	Westviertel (11,4)	Ostviertel (19,4)
Katernberg (12,8)	Horst (12,9)	Katernberg (10,7)	Altendorf (17,4)
Ostviertel (12,2)	Katernberg (11,6)	Altendorf (10,7)	Südostviertel (15,3)

Stärkste Zunahme des Sozialhilfeempfänger-Anteils (1991 – 2005):
- Stadtkern (+ 7,9 %-Punkte)
- Ostviertel (+ 7,2 %-Punkte)
- Altenessen-Süd (+ 6,5 %-Punkte)
- Altendorf (+ 5,9 %-Punkte)
- Südostviertel (+ 5,8 %-Punkte).

Tabelle 6.7.4: Reichste Stadtteile Essens, Anteil der Sozialhilfeempfänger an der Stadtteilbevölkerung, in Prozent

Reichste Stadtteile			
1991	**1994**	**2000**	**2005**
Stadtwald (0,7)	Byfang (0,7)	Byfang (0,4)	Byfang (0,4)
Byfang (0,7)	Schuir (0,7)	Stadtwald (0,6)	Stadtwald (0,9)
Kettwig (1,1)	Stadtwald (0,8)	Schuir (0,9)	Heisingen (1,0)
Fischlaken (1,2)	Heisingen (1,0)	Heisingen (1,0)	Schuir (1,1)
Fulerum (1,3)	Bredeney (1,3)	Burgaltendorf (1,1)	Bredeney (1,4)

Stärkste Abnahme des Sozialhilfeempfänger-Anteils (1991 – 2005):
- Nordviertel (-2,8 %-Punkte)
- Haarzopf (-2,7 %-Punkte)
- Heisingen (-2,2 %-Punkte)
- Burgaltendorf (-1,5 %-Punkte)
- Leithe (-1,4 %-Punkte)

Tabelle 6.7.5: Ausländeranteile in den Stadtteilen Essens, hohe Ausländer Konzentration, in Prozent

Hohe Ausländerkonzentration			
1990	**1995**	**2000**	**2005**
Westviertel (31,8)	Westviertel (33,1)	Stadtkern (32,2)	Stadtkern (36,7)
Stadtkern (25,1)	Stadtkern (29,6)	Westviertel (29,0)	Westviertel (28,1)
Nordviertel (16,4)	Nordviertel (18,5)	Ostviertel (20,4)	Ostviertel (23,3)
Vogelheim (15,2)	Vogelheim (17,6)	Nordviertel (19,4)	Nordviertel (21,1)
Katernberg (15,1)	Katernberg (17,0)	Altendorf (18,0)	Altendorf (20,1)

Stärkste Zunahme des Ausländeranteils (1990 – 2005):
- Stadtkern (+ 11,6 %-Punkte)
- Ostviertel (+ 8,4 %-Punkte)
- Südostviertel (+ 7,6 %-Punkte)
- Altendorf (+ 7,5 %-Punkte)
- Altenessen-Süd (+ 5,4 %-Punkte)

Tabelle 6.7.6: Ausländeranteile in den Stadtteilen Essens, niedrige Ausländer-
Konzentration, in Prozent

Niedrige Ausländerkonzentration			
1990	**1995**	**2000**	**2005**
Byfang (1,1)	Byfang (1,3)	Byfang (1,1)	Byfang (1,8)
Fulerum (1,4)	Schuir (1,6)	Fulerum (2,3)	Burgaltendorf (1,8)
Schuir (1,4)	Fulerum (1,7)	Haarzopf (2,5)	Fulerum (2,3)
Burgaltendorf (1,7)	Margarethenhöhe (2,5)	Stadtwald (2,6)	Haarzopf (2,4)
Margarethenhöhe (1,9)	Frintrop (3,1)	Burgaltendorf (2,8)	Heisingen (2,6)

Stärkste Abnahme des Ausländeranteils (1990 – 2005):
- Rellinghausen (- 4,6 %-Punkte)
- Westviertel (- 3,7 %-Punkte)
- Haarzopf (- 3,3 %-Punkte)
- Bedingrade (-1,8 %-Punkte)
- Horst (- 1,3 %-Punkte).

Tabelle 6.7.7: Regressionen Essen, angegeben ist beta, Daten für 2005

Unabhängige Variablen	Abhängige Variable			
	% SHE 05	% Ausländer 05	SHE 00-05	Ausländer 90-05
% Sozialwohnungen	0,48***	0,17*	0,26*	
Bevölkerung				0,30*
Fluktuationsquote	0,83***	0,88***	0,49***	0,45**

6.8 Frankfurt am Main[3]

Tabelle 6.8.1: Gesamtstädtische Daten Frankfurt

Variable	1990	1995	2000	2005
Bevölkerung	634.000	653.000	651.000	652.000
Ausländer	150.000	188.000	181.000	161.000
Ausländer-Anteil in %	23,7	28,8	27,8	24,7
Arbeitslosenquote in %	3,6	6,0	5,4	6,5
Sozialhilfeempfänger	43.000	47.000[1]	36.000	40.000
SHE-Anteil in %	6,8	7,2	5,5	6,1
Wohnungen	391.000[2]	327.000	340.000	351.000
Sozialwohnungen	71.000[2]	53.000	41.000	33.000
Zuzüge insgesamt	46.000	46.000	48.000	50.000
Zuzüge Deutsche	23.000	18.000	21.000	26.000
Zuzüge Nicht-Deutsche	24.000	27.000	27.000	24.000
Fortzüge insgesamt	38.000	46.000	43.000	47.000
Fortzüge Deutsche	21.000	21.000	21.000	25.000
Fortzüge Nicht-Deutsche	17.000	25.000	22.000	19.000

[1] 1996   [2] 1987

Tabelle 6.8.2: Segregationsindizes

	1990	1995	2000	2005
IS ethnisch	13,0	11,4	10,5	11,7
IS sozial	21,1	13,6	16,3	16,2

Tabelle 6.8.3: Ärmste Stadtteile Frankfurts, Anteil der Sozialhilfeempfänger an der Stadtteilbevölkerung, in Prozent

Ärmste Stadtteile			
1990*	1995**	2000	2005
Bahnhofsviertel (29,9)	Ginnheim (12,1)	Bonames (11,9)	Bonames (11,3)
Altstadt (22,1)	Nieder-Eschbach (11,4)	Frankfurter Berg (10,6)	Ginnheim (10,3)
Nordend-West (11,4)	Fechenheim (10,9)	Gallusviertel (9,0)	Gutleutviertel (10,0)
Bonames (10,4)	Preungesheim (10,7)	Fechenheim (8,8)	Bahnhofsviertel (9,9)
Nieder-Eschbach (10,2)	Eckenheim (9,9)	Gutleutviertel (8,8)	Gallusviertel (9,9)

*Daten für 7 Stadtteile fehlen; **Daten für 2 Stadtteile fehlen

---

[3] Im Folgenden wird „Frankfurt am Main" lediglich als „Frankfurt" bezeichnet.

Stärkste Zunahme des Sozialhilfeempfänger-Anteils (1990 – 2005):
- Ginnheim (+ 6,3 %-Punkte)
- Berkersheim (+ 5,1 %-Punkte)
- Riederwald (+ 3,4 %-Punkte)
- Heddernheim (+ 2,8 %-Punkte)
- Gallusviertel (+ 2,7 %-Punkte)

Tabelle 6.8.4: Reichste Stadtteile Frankfurts, Anteil der Sozialhilfeempfänger an der Stadtteilbevölkerung, in Prozent

Reichste Stadtteile			
1990*	**1995**	**2000**	**2005**
Berkersheim (1,5)	Harheim (2,0)	Harheim (1,3)	Harheim (1,4)
Harheim (1,7)	Westend-Süd (3,1)	Schwanheim (1,4)	Westend-Süd (1,9)
Nieder-Erlenbach (2,1)	Nieder-Erlenbach (3,4)	Westend-Süd (2,2)	Kalbach (2,5)
Bergen-Enkheim (2,3)	Bergen-Enkheim (3,5)	Nieder-Erlenbach (2,4)	Bergen-Enkheim (2,5)
Dornbusch (2,9)	Zeilsheim (4,0)	Bergen-Enkheim (2,4)	Nieder-Erlenbach (2,6)

*Daten für 7 Stadtteile fehlen; **Daten für 2 Stadtteile fehlen

Stärkste Abnahme des Sozialhilfeempfänger-Anteils (1990 – 2005):
- Bahnhofsviertel (- 20,0 %-Punkte)
- Altstadt (- 15,4 %-Punkte)
- Nordend-West (- 8,7 %-Punkte)
- Sachsenhausen-Nord (-5,9 %-Punkte)
- Westend-Süd (- 3,0 %-Punkte)

Tabelle 6.8.5: Ausländeranteile in den Stadtteilen Frankfurts, hohe Ausländer-Konzentration, in Prozent

Hohe Ausländerkonzentration			
1990*	**1995***	**2000**	**2005**
Bahnhofsviertel (74,0)	Bahnhofsviertel (77,6)	Flughafen (67,7)	Frankfurter Berg (69,7)
Flughafen (62,5)	Flughafen (73,0)	Bahnhofsviertel (60,9)	Gallusviertel (40,8)
Gutleutviertel (56,2)	Gutleutviertel (58,5)	Gutleutviertel (51,3)	Bahnhofsviertel (40,3)
Innenstadt (43,0)	Innenstadt (50,5)	Gallusviertel (47,6)	Gutleutviertel (39,4)
Gallusviertel (41,8)	Gallusviertel (48,5)	Innenstadt (47,5)	Innenstadt (39,0)

* Daten für „Frankfurter Berg" fehlen; ** Daten für „Flughafen" fehlen
Stärkste Zunahme des Ausländeranteils (1990 – 2005):
- Ginheim (+ 9,9 %-Punkte)
- Fechenheim (+ 7,8 %-Punkte)
- Hausen (+ 7,7 %-Punkte)
- Altstadt (+ 7,0 %-Punkte)
- Preungesheim (+ 6,8 %-Punkte)

Tabelle 6.8.6: Ausländeranteile in den Stadtteilen Frankfurts, niedrige Ausländerkonzentration, in Prozent

	Niedrige Ausländerkonzentration		
1990*	1995*	2000	2005**
Harheim (9,1)	Harheim (11,2)	Harheim (10,8)	Nieder-Eschbach (9,4)
Nieder-Erlenbach (10,3)	Nieder-Erlenbach (13,7)	Nieder-Erlenbach (12,1)	Harheim (9,5)
Berkersheim (12,3)	Kalbach (14,9)	Kalbach (13,4)	Nieder-Erlenbach (10,7)
Kalbach (12,6)	Bergen-Enkheim (15,8)	Bergen-Enkheim (15,7)	Kalbach (14,0)
Dornbusch (12,9)	Dornbusch (17,8)	Berkersheim (18,3)	Bergen-Enkheim (14,9)

* Daten für „Frankfurter Berg" fehlen; ** Daten für „Flughafen" fehlen

Stärkste Abnahme des Ausländeranteils (1990 – 2005):
- Bahnhofsviertel (- 33,7 %-Punkte)
- Gutleutviertel (- 16,8 %-Punkte)
- Nieder-Eschbach (- 8,3 %-Punkte)
- Nordend-Ost (- 5,0 %-Punkte)
- Westend-Süd (- 4,1 %-Punkte)

Tabelle 6.8.7: Regressionen Frankfurt, angegeben ist beta, Daten für 2005

Unabhaängige Variablen	Abhängige Variable			
	% SHE 05	% Ausländer 05	SHE 90-05	Ausländer 90-05
Arbeitslosendichte	0,74***	0,58***		
% Sozialwohnungen	0,36***			
Zuzüge Nicht-Deutsche		0,85***		
Fortzüge Deutsche				-1,39**
Bevölkerung	-0,56*			
Saldo Ausländer				0,45*

6.9 Hamburg

Tabelle 6.9.1: Gesamtstädtische Daten Hamburg

Variable	1990	1995	2000	2005
Bevölkerung	1.652.000	1.708.000	1.715.000	1.735.000
Ausländer	217.000	271.000	273.000	244.000
Ausländer-Anteil in %	13,1	15,9	15,9	14,1
Arbeitslosenquote in %	6,1	6,5	6,7	8,3
Sozialhilfeempfänger	105.000	131.000	120.000	123.000
SHE-Anteil in %	6,4	7,7	7,0	7,1
Wohnungen	772.000*	816.000**	859.000	874.000
Sozialwohnungen	300.000*	188.000**	169.000	130.000
Zuzüge insgesamt	94.000	75.000	201.000	196.000
Zuzüge Deutsche	k. A.	47.000	145.000	145.000
Zuzüge Nicht-Deutsche	k. A.	28.000	56.000	51.000
Fortzüge insgesamt	64.000	69.000	189.000	186.000
Fortzüge Deutsche	k. A.	48.000	141.000	142.000
Fortzüge Nicht-Deutsche	k. A.	21.000	48.000	44.000

*1987 **1994

Tabelle 6.9.2: Segregationsindizes

	1990	1995	2000	2005
IS ethnisch	24,1	21,4	19,3	18,8
IS sozial	k. A.	20,9	22,8	22,6

Tabelle 6.9.3: Ärmste Stadtteile Hamburgs, Anteil der Sozialhilfeempfänger an der Stadtteilbevölkerung, in Prozent

Ärmste Stadtteile		
1995	**2000**	**2005**
Billbrook (22,8)	Jenfeld (16,4)	Kleiner Grasbrook (24,7)
St. Pauli (16,7)	Kleiner Grasbrook (14,9)	Veddel (17,7)
Jenfeld (14,7)	Billstedt (14,6)	Jenfeld (16,3)
Hausbruch (14,2)	Hausbruch (14,5)	Hausbruch (15,6)
Billstedt (14,1)	St. Pauli (13,3)	Billbrook (15,2)

Stärkste Zunahme des Sozialhilfeempfänger-Anteils (1995 – 2005):
- Kleiner Grasbrook (+ 18,2 %-Punkte)
- Veddel (+ 3,8 %-Punkte)
- Allermöhe (+ 3,6 %-Punkte)
- Curslack (+ 2,9 %-Punkte)
- Klostertor (+ 2,3 %-Punkte).

Tabelle 6.9.4: Reichste Stadtteile Hamburgs, Anteil der Sozialhilfeempfänger an der Stadtteilbevölkerung, in Prozent

Reichste Stadtteile		
1995	**2000**	**2005**
Duvenstedt (0,5)	Altenwerder (0,0)	Reitbrook (0,0)
Spadenland (0,8)	Lehmsahl-Mellingstedt (0,4)	Nienstedten (0,4)
Sasel (0,9)	Ochsenwerder (0,5)	Wohldorf-Ohlstedt (0,5)
Nienstedten (0,9)	Wohldorf-Ohlstedt (0,6)	Groß Flottbek (0,8)
Ochsenwerder (0,9)	Reitbrook (0,7)	Neuengamme (0,8)

Stärkste Abnahme des Sozialhilfeempfänger-Anteils (1995 – 2005):
- Billbrook (- 7,6 %-Punkte)
- Rönneburg (- 7,0 %-Punkte)
- Moorburg (- 6,7 %-Punkte)
- St. Pauli (- 6,1 %-Punkte)
- St. Georg (- 3,7 %-Punkte).

Tabelle 6.9.5: Ausländeranteile in den Stadtteilen Hamburgs, hohe Ausländerkonzentration, in Prozent

Hohe Ausländerkonzentration*			
1990	**1995**	**2000**	**2005**
Billbrook (74,2)	Kleiner Grasbrook (73,3)	Billbrook (71,4)	Kleiner Grasbrook (63,8)
Veddel (51,9)	Klostertor (68,1)	Kleiner Grasbrook (70,3)	Billbrook (59,6)
St. Georg (51,7)	Veddel (58,8)	Veddel (62,0)	Veddel (53,6)
Kleiner Grasbrook (51,5)	Billbrook (53,3)	Klostertor (45,7)	Wilhemsburg (33,1)
Klostertor (45,7)	St. Pauli (45,7)	Altstadt (40,8)	Klostertor (31,3)

*Stadtteile mit mindestens 500 Einwohnern

Stärkste Zunahme des Ausländeranteils (1990 – 2005):
- Neuland (+ 16,8 %-Punkte)
- Sinstorf (+ 13,3 %-Punkte)
- Allermöhe (+ 12,5 %-Punkte)
- Kleiner Grasbrook (+ 12,2 %-Punkte)
- Harburg (+ 8,4 %-Punkte).

Tabelle 6.9.6: Ausländeranteile in den Stadtteilen Hamburgs, niedrige Ausländerkonzentration, in Prozent

Niedrige Ausländerkonzentration*			
1990	**1995**	**2000**	**2005**
Altengamme (1,2)	Altengamme (1,2)	Altengamme (1,0)	Altengamme (1,4)
Kirchwerder (1,3)	Neuengamme (3,3)	Kirchwerder (1,7)	Kirchwerder (1,7)
Allermöhe (1,8)	Ochenwerder (3,5)	Neuengamme (2,3)	Neuengamme (2,1)
Langenbek (2,0)	Bergstedt (3,7)	Bergstedt (3,6)	Ochenwerder (3,3)
Neuengamme (3,3)	Kirchwerder (3,7)	Curslack (4,1)	Bergstedt (3,6)

*Stadtteile mit mindestens 500 Einwohnern

Stärkste Abnahme des Ausländeranteils (1990 – 2005):
- St. Georg (- 26,1 %-Punkte)
- Klostertor (- 17,4 %-Punkte)
- Billbrook (- 14,6 %-Punkte)
- St. Pauli (- 12,2 %-Punkte)
- Ottensen (- 7,7 %-Punkte)

Tabelle 6.9.7: Regressionen Hamburg, angegeben ist beta, Daten für 2005

Unabhängige Variablen	**Abhängige Variable**			
	% SHE 05	% Ausländer 05	SHE 00-05	Ausländer 90-05
Arbeitslosendichte	0,86***	0,67***	0,37**	
% Sozialwohnungen	0,11*			
Fortzüge Deutsche	-0,09*			
Fortzüge Nicht-Deutsche		0,31*		

6.10 Hannover

Tabelle 6.10.1: Gesamtstädtische Daten Hannover

Variablen	1990	1995	2000	2005
Bevölkerung	538.000*	527.000	518.000	508.000
Ausländer	57.000*	71.000	76.000	76.000
Ausländer-Anteil in %	10,6*	13,5	14,7	15,0
Arbeitslosenquote in %	6,4*	8,9	8,6	10,4
Sozialhilfeempfänger	26.000	34.000	37.000	38.000
SHE-Anteil in %	4,8	6,5	7,1	7,5
Wohnungen	260.000**	275.000	283.000	286.000
Sozialwohnungen	54.000**	31.000	29.000	21.000
Zuzüge insgesamt	33.000	30.000	36.000	31.000
Zuzüge Deutsche	27.000	21.000	23.000	20.000
Zuzüge Nicht-Deutsche	6.000	9.000	13.000	11.000
Fortzüge insgesamt	26.000	36.000	34.000	30.000
Fortzüge Deutsche	22.000	29.000	24.000	26.000
Fortzüge Nicht-Deutsche	4.000	7.000	10.000	5.000

*1991   **1987

Tabelle 6.10.2: Segregationsindizes

	1991	1995	2000	2005
IS ethnisch	23,5	20,3	19,5	19,1
IS sozial	k. A.	20,3	19,8	20,1

Tabelle 6.10.3: Ärmste Stadtteile Hannovers, Anteil der Sozialhilfeempfänger an der Stadtteilbevölkerung, in Prozent

Ärmste Stadtteile		
1995	2000	2005
Nordhafen (30,6)	Nordhafen (42,6)	Mühlenberg (20,8)
Vahrenheide (18,8)	Mühlenberg (21,4)	Linden-Süd (16,4)
Mühlenberg (18,3)	Brink Hafen (20,9)	Vahrenheide (15,5)
Brink-Hafen (14,6)	Vahrenheide (17,3)	Sahlkamp (14,8)
Sahlkamp (13,2)	Linden-Süd (16,0)	Hainholz (14,1)

Stärkste Zunahme des Sozialhilfeempfänger-Anteils (1995 – 2005):
- Linden-Süd (+ 4,1%)
- Ricklingen (+ 4 %-Punkte)
- Ledeburg (+ 4,1 %-Punkte)
- Herrenhausen (+ 3,8 %-Punkte)
- Badenstedt (+ 3,6 %-Punkte).

Tabelle 6.10.4: Reichste Stadtteile Hannovers, Anteil der Sozialhilfeempfänger an der Stadtteilbevölkerung, in Prozent

Reichste Stadtteile		
1995	**2000**	**2005**
Wülferode (0,4)	Wülferode (0,1)	Wülferode (0,5)
Waldhausen (0,5)	Isernhagen-Süd (0,6)	Waldhausen (0,5)
Waldheim (0,6)	Waldhausen (0,7)	Isernhagen-Süd (0,5)
Isernhagen-Süd (0,8)	Waldheim (0,7)	Kirchrode (1,0)
Zoo (1,3)	Zoo (0,9)	Zoo (1,1)

Stärkste Abnahme des Sozialhilfeempfänger-Anteils (1995 – 2005):
- Vahrenheide (- 3,3 %-Punkte)
- Calenberger Neustadt (- 1,1 %-Punkte)
- Seelhorst (- 0,1 %-Punkte)
- Oststadt (- 0,1 %-Punkte)
- Lahe (- 0,5 %-Punkte).

Tabelle 6.10.5: Ausländeranteile in den Stadtteilen Hannovers, hohe Ausländerkonzentration, in Prozent

Hohe Ausländerkonzentration			
1990	**1995**	**2000**	**2005**
Nordhafen (38,9)	Brink-Hafen (49,8)	Brink-Hafen (36,6)	Linden-Süd (36,6)
Brink-Hafen (37,7)	Linden-Süd (32,8)	Linden-Süd (33,8)	Hainholz (33,8)
Linden-Süd (27,9)	Lahe (28,8)	Vahrenheide (30,6)	Vahrenheide (30,6)
Linden-Nord (24,8)	Vahrenheide (28,4)	Hainholz (29,3)	Herrenhausen (29,3)
Stöcken (22,1)	Linden-Nord (27,2)	Stöcken (26,6)	Stöcken (26,6)

Stärkste Zunahme des Ausländeranteils (1990 – 2005):
- Bult (+ 10,7 %-Punkte)
- Hainholz (+10,1 %-Punkte)
- Herrenhausen (+ 9,9 %-Punkte)
- Mühlenberg (+ 9,9 %-Punkte)
- Vahrenheide (+ 9,1 %-Punkte).

6. Dokumentation

Tabelle 6.10.6: Ausländeranteile in den Stadtteilen Hannovers, niedrige Ausländerkonzentration, in Prozent

	Niedrige Ausländerkonzentration		
1990	**1995**	**2000**	**2005**
Wülferode (1,8)	Wülferode (2,7)	Wülferode (2,3)	Wülferode (2,3)
Waldheim (1,9)	Waldheim (2, 9)	Waldheim (3,7)	Waldheim (3,1)
Waldhausen (3,1)	Waldhausen (4,0)	Waldhausen (4,2)	Seelhorst (4,5)
Wettbergen (3,2)	Isernhagen-Süd (4,8)	Isernhagen-Süd (4,9)	Waldhausen (5,1)
Isernhagen-Süd (3,6)	Kirchrode (5,66 %)	Kirchrode (5,3 %)	Isernhagen-Süd (5,2)

Einzige Abnahme des Ausländeranteils (1990 – 2005):
- Linden-Nord (-1,7 %-Punkte)

Tabelle 6.10.7: Regressionen Hannover, angegeben ist beta, Daten von 2005

Unabhängige Variablen	Abhängige Variable			
	% SHE 05	**% Ausländer 05**	**SHE 95-05**	**Ausländer 90-05**
Arbeitslosendichte	0,72***	0,45***	0,63*	
% Sozialwohnungen	0,24**		-0,53*	
Fortzüge Nicht-Deutsche		0,44**		
Saldo Deutsche		-0,12*	0,48*	
Fluktuationsquote		0,33*		

6.11 Köln

Tabelle 6.11.1: Gesamtstädtische Daten Köln

Variable	1990	1995	2000	2005
Bevölkerung	999.000	1.009.000	1.018.000	1.023.000
Ausländer	163.000	184.000	189.000	176.000
Ausländer-Anteil in %	16,3	18,2	18,6	17,2
Arbeitslosenquote in %	6,3	8,2**	7,5	9,3
Sozialhilfeempfänger	29.000	66.234	68.207	65.880
SHE-Anteil in %	2,9	6,2	7,0	6,8
Wohnungen	468.000*	494.000	518.000	531.000
Sozialwohnungen	116.000*	85.000	68.000	53.000
Zuzüge insgesamt	49.000	49.000	53.000	51.000
Zuzüge Deutsche	31.000	31.000	34.000	35.000
Zuzüge Nicht-Deutsche	18.000	18.000	19.000	16.000
Fortzüge insgesamt	46.000	47.000	50.000	50.000
Fortzüge Deutsche	32.000	33.000	33.000	37.000
Fortzüge Nicht-Deutsche	14.000	14.000	17.000	13.000

*1987   **1996

Tabelle 6.11.2: Segregationsindizes

	1990	1995	2000	2005
IS ethnisch	22,3	20,7	19,4	19,3
IS sozial	k. A.	22,4	25,7	27,0

Tabelle 6.11.3: Ärmste Stadtteile Kölns, Anteil der Sozialhilfeempfänger an der Stadtteilbevölkerung, in Prozent

Ärmste Stadtteile		
1995	2000	2005
Meschenich (17,4)	Chorweiler (23,5)	Chorweiler (24,3)
Chorweiler (16,4)	Meschenich (15,6)	Ostheim (15,3)
Lindweiler (12,3)	Ostheim (15,1)	Meschenich (15,0)
Bickendorf (12,0)	Porz (14,9)	Porz (14,3)
Ostheim (11,7)	Bickendorf (14,3)	Seeberg (13,9)

Stärkste Zunahme des Sozialhilfeempfänger-Anteils (1995 – 2005):
- Chorweiler (+ 7,9 %-Punkte)
- Buchforst (+ 6,0 %-Punkte)
- Gremberghoven (+ 5,9 %-Punkte)
- Dünnwald (+ 5 %-Punkte)
- Mülheim (+ 4 %-Punkte).

Tabelle 6.11.4: Reichste Stadtteile Kölns, Anteil der Sozialhilfeempfänger an der Stadtteilbevölkerung, in Prozent

Reichste Stadtteile		
1995	**2000**	**2005**
Hahnwald (0,2)	Libur (0,3)	Libur (0,6)
Fühlingen (0,8)	Hahnwald (0,3)	Hahnwald (0,9)
Libur (0,9)	Fühlingen (1,1)	Fühlingen (0,9)
Elsdorf (0,9)	Rodenkirchen (1,5)	Lindenthal (1,1)
Rodenkirchen (1,1)	Rath/Heumar (1,5)	Fühlingen (1,3)

Stärkste Abnahme des Sozialhilfeempfänger-Anteils (1995 – 2005):
- Godorf (- 2,5 %-Punkte)
- Meschenich (- 2,4 %-Punkte)
- Nippes (- 1,8 %-Punkte)
- Sülz (- 1,7 %-Punkte)
- Merkenich (- 1,5 %-Punkte)

Tabelle 6.11.5: Ausländeranteile in den Stadtteilen Kölns, hohe Ausländer-Konzentration, in Prozent

Hohe Ausländerkonzentrationen			
1990	**1995**	**2000**	**2005**
Meschenich (41,0)	Meschenich (46,9)	Meschenich (45,8)	Kalk (38,8)
Chorweiler (36,6)	Kalk (37,7)	Kalk (40,9)	Grembergh. (38,8)
Kalk (34,6)	Gremberghoven (36,9)	Chorweiler (40,1)	Chorweiler (38,4)
Gremberghoven (33,2)	Chorweiler (36,2)	Gremberghoven (38,5)	Meschenich (38,3)
Ehrenfeld (29,9)	Ehrenfeld (31,7)	Seeberg (33,9)	Seeberg (31,9)

Stärkste Zunahme des Ausländeranteils (1990 – 2005):
- Humboldt/Gremberg (+ 10 %-Punkte)
- Volkhoven/Weiler (+ 9,2 %-Punkte)
- Buchforst (+ 8,7 %-Punkte)
- Neubrück (+ 8,5 %-Punkte)
- Merheim (+ 7,8 %-Punkte)

Tabelle 6.11.6: Ausländeranteile in den Stadtteilen Kölns, niedrige Ausländerkonzentration, in Prozent

Niedrige Ausländerkonzentration			
1990	**1995**	**2000**	**2005**
Esch/Auweiler (3,1)	Libur (4,0)	Libur (2,9)	Libur (3,1)
Brück (4,0)	Langel (4,7)	Langel (4,7)	Langel (4,0)
Langel (4,2)	Brück (5,0)	Esch/Auweiler (5,5)	Esch/Auweiler (5,6)
Immendorf (4,3)	Esch/Auweiler (5,1)	Brück (5,7)	Brück (6,1)
Libur (4,4)	Pesch (5,5)	Pesch (5,8)	Fühlingen (6,2)

Stärkste Abnahme des Ausländeranteils (1990 – 2005):
- Neustadt-Nord (- 6,8 %-Punkte)
- Ehrenfeld (- 6 %-Punkte)
- Neustadt-Süd (- 5,6 %-Punkte)
- Altstadt-Nord (- 5,3 %-Punkte)
- Merkenich (- 4,5 %-Punkte).

Tabelle 6.11.7: Regressionen Köln, angegeben ist beta, Daten von 2005

Unabhängige Variablen	Abhängige Variable			
	% SHE 05	% Ausländer 05	SHE 95-05	Ausländer 90-05
Arbeitslosendichte	0,72**	0,07***	0,52***	0,51***
% Sozialwohnungen	0,31***			
Fortzüge Nicht-Deutsche		0,46***		
Saldo Deutsche	-0,12*			
Saldo Nicht-Deutsche		0,24***		

6.12 Leipzig

Tabelle 6.12.1: Gesamtstädtische Daten Leipzig

Variable	1990	1995	2000	2005
Bevölkerung	521.000[1]	480.000[2]	519.000[3]	528.000
Ausländer	11.000[1]	18.000[2]	24.000[3]	27.000
Ausländer-Anteil in %	2,1[1]	3,8[2]	4,6[3]	5,1
Arbeitslosenquote in %	7,3[1]	10,8[4]	12,9[3]	14,0
Sozialhilfeempfänger	16.000[1]	10.000	26.000[3]	34.000
SHE-Anteil in %	3,1[1]	2,1	5,0	6,4
Wohnungen	k. A.	266.000	k. A.	316.000
Sozialwohnungen	k. A.	0	k. A.	0
Zuzüge insgesamt	16.000[5]	23.000[2]	25.000[3]	25.000
Zuzüge Deutsche	k. A.	k. A.	k. A.	19.000
Zuzüge Nicht-Deutsche	k. A.	k. A.	k. A.	5.000
Fortzüge insgesamt	15.000[5]	33.000[2]	22.000[3]	22.000
Fortzüge Deutsche	k. A.	k. A.	k. A.	15.000
Fortzüge Nicht-Deutsche	k. A.	k. A.	k. A.	7.000

[1]1992 [2]1996 [3]2001 [4]1997 [5]1993

Tabelle 6.12.2: Segregationsindizes

	1992	1996	2001	2005
IS ethnisch	22,5	19,5	25,1	27,2
IS sozial	k. A.	k. A.	21,7	23,0

Tabelle 6.12.3: Ärmste Stadtteile Leipzigs, Anteil der Sozialhilfeempfänger an der Stadtteilbevölkerung, in Prozent

Ärmste Stadtteile	
2001	**2005**
Volkmarsdorf (14,2)	Volkmarsdorf (21,3)
Lindenau (13,1)	Neustadt-Neuschönefeld (19,1)
Neustadt-Neuschönefeld (11,4)	Lindenau (14,6)
Altlindenau (10,6)	Altlindenau (13,9)
Anger-Crottendorf (9,7)	Dölitz-Dösen (11,1)

Stärkste Zunahme des Sozialhilfeempfänger-Anteils (2001 – 2005):
- Neustadt-Neuschönefeld (+ 7,7 %-Punkte)
- Volkmarsdorf (+ 7,1 %-Punkte)
- Dölitz-Dösen (+ 4,7 %-Punkte)
- Zentrum-Südost (+ 3,4 %-Punkte)
- Altlindenau (+3,3 %-Punkte).

Tabelle 6.12.4: Reichste Stadtteile Leipzigs, Anteil der Sozialhilfeempfänger an der Stadtteilbevölkerung, in Prozent

Reichste Stadtteile	
2001	**2005**
Miltitz (0,4)	Baalsdorf (0,8)
Plaußig-Portitz (0,7)	Miltitz (1,0)
Grünau-Siedlung (1,0)	Heiterblick (1,1)
Marienbrunn (1,1)	Burghausen-Rückmarsdorf (1,1)
Hartmannsdorf-Knautnaundf. (1,1)	Plaußig-Portitz (1,1)

Stärkste Abnahme Sozialhilfeempfänger-Anteils (2001 – 2005):
- Zentrum (- 1,7 %-Punkte)
- Baalsdorf (- 0,8 %-Punkte)
- Mölkau (- 0,7 %-Punkte)
- Schleußig (- 0,4 %-Punkte)
- Liebertwolkwitz (- 0,3 %-Punkte).

Tabelle 6.12.5: Ausländeranteile in den Stadtteilen Leipzigs, hohe Ausländer-Konzentration, in Prozent

Hohe Ausländerkonzentration			
1992	**1996**	**2001**	**2005**
Zentrum-SO (9,1)	Zentrum (13,5)	Zentrum (22,6)	Zentrum (20,8)
Schönau (5,3)	Zentrum-Ost (10,4)	Zentrum-Nord (13,2)	N.-Neuschönefeld (16,4)
Zentrum-N (4,5)	Zentrum-SO (10,2)	Zentrum-Südost (13,0)	Zentrum-SO (15,0)
Zentrum (4,5)	Zentrum-N (9,2)	Zentrum-Ost (12,6)	Volkmarsdorf (15,0)
Grünau-Ost (3,4)	Dölitz-Dösen (8,5)	N.-Neuschönefeld (10,8)	Zentrum-N (12,2)

Stärkste Zunahme des Ausländeranteils (1992 – 2005):
- Zentrum (+ 16,3 %-Punkte)
- Neustadt-Neuschönefeld (+ 14,9 %-Punkte)
- Volkmarsdorf (+ 13,3 %-Punkte)
- Zentrum-Ost (+ 9,5 %-Punkte)
- Zentrum-West (+ 8,6 %-Punkte)

Tabelle 6.12.6: Ausländeranteile in den Stadtteilen Leipzigs, niedrige Ausländer-Konzentration, in Prozent

Niedrige Ausländerkonzentration			
1992	**1992**	**2001**	**2005**
Plaußig-Portitz(0,1)	Thekla (0,8)	Holzhausen (0,9)	Lützschena-Stahmeln (0,8)
Sellerhausen-Stünz (0,7)	Mockau-Nord (0,9)	Lindenthal (1,0)	Liebertwolkwitz (0,8)
Grünau-Siedl. (0,7)	Grünau-Siedl. (1,3)	Knautkleeberg-Knauthain (1,1)	Holzhausen (0,9)
Gohlis-Mitte (0,7)	Plaußig-Portitz (1,4)	Hartmannsdorf-Knautnaundf. (1,1)	Lindenthal (1,0)
Thekla (0,8)	Grünau-Mitte (1,9)	Grünau-Siedl. (1,1)	Grünau-Siedl. (1,1)

Stärkste Abnahme des Ausländeranteils (1992 – 2005):
- Schönau (- 3,0 %-Punkte)
- Meusdorf (- 1 %-Punkte)
- Grünau-Ost (- 0,9 %-Punkte)
- Gohlis-Nord (- 0,6 %-Punkte)
- Großzschocher (- 0,4 %-Punkte).

Tabelle 6.12.7: Regressionen Leipzig, angegeben ist beta, Daten für 2005

Unabhängige Variable	**Abhängige Variable**			
	% SHE 05	% Ausländer 05	SHE 95-05	Ausländer 90-05
Arbeitslosendichte	0,73***	0,34**	0,58***	

6.13 München

Tabelle 6.13.1: Gesamtstädtische Daten München

Variable	1990	1995	2000	2005
Bevölkerung	1.270.000[1]	1.259.000	1.248.000	1.288.000
Ausländer	287.000[1]	296.000	282.000	300.000
Ausländer-Anteil in %	22,6[1]	23,5	22,6	23,3
Arbeitslosenquote in %	5,7[1]	6,4	3,4	6,5
Sozialhilfeempfänger	31.000	55.000	41.000[3]	49.000
SHE-Anteil in %	2,4	4,4	3,3	3,8
Wohnungen	613.000[2]	k. A.	740.000	720.000
Sozialwohnungen	107.000[2]	k. A.	65.000	50.000
Zuzüge insgesamt	101.000[1]	85.000	95.000	90.000
Zuzüge Deutsche	39.000[1]	39.000	47.000	47.000
Zuzüge Nicht-Deutsche	62.000[1]	46.000	47.000	43.000
Fortzüge insgesamt	98.000[1]	85.000	80.000	75.000
Fortzüge Deutsche	46.000[1]	44.000	41.000	42.000
Fortzüge Nicht-Deutsche	52.000[1]	41.000	39.000	33.000

[1] 1993 [2] 1987 [3] 2001

Tabelle 6.13.2: Segregationsindizes

	1993	1995	2001	2005
IS ethnisch	13,4*	12,9*	12,5*	k. A.
	10,4**	9,9**	9,4**	8,3**
IS sozial	k. A.	k. A.	17,7*	k. A.
	k. A.	k. A.	12,5**	k. A.

*auf Stadtbezirksteil-Ebene **auf Stadtbezirks-Ebene

Tabelle 6.13.3: Ärmste Stadtteile Münchens, Anteil der Sozialhilfeempfänger an der Stadtteilbevölkerung, in Prozent

Ärmste Stadtteile 2001
Ludwigsvorstadt-Kliniken (8,3)
Angerviertel (6,7)
Am Hart (6,6)
Balanstraße-West (6,4)
Blumenau (5,7)

Tabelle 6.13.4: Reichste Stadtteile Münchens, Anteil der Sozialhilfeempfänger an der Stadtteilbevölkerung, in Prozent

Reichste Stadtteile 2001
Schönfeldvorstadt (0,4)
Waldperlach (0,5)
Gartenstadt Trudering (0,8)
Herzogpark (0,9)
Waldtrudering (0,9)

Tabelle 6.13.5: Ausländeranteile in den Stadtteilen Münchens, hohe Ausländerkonzentration, in Prozent

Hohe Ausländerkonzentration*		
1993	1995	2001
Messestadt Riem (85,1)	Messestadt Riem (94,0)	Schwanthalerhöhe (49,4)
Schwanthalerhöhe (55,0)	Ludwigsfeld (55,5)	Ludwigsfeld (48,3)
Am Schlachthof (52,9)	Schwanthalerhöhe (54,1)	Ludwigsvorstadt-Kliniken (43,6)
Ludwigsfeld (51,2)	Am Schlachthof (51,2)	Messestadt Riem (43,4)
St. Paul (48,3)	Ludwigsvorstadt-Kliniken (50,8)	Am Schlachthof (41,9)

*Stadtbezirksteile mit mindestens 500 Einwohnern

Stärkste Zunahme des Ausländeranteils (1993 – 2001, Stadtbezirksteile mit mindestens 500 Einwohnern):
- Blumenau (+ 5,5 %-Punkte)
- Moosach-Bahnhof (+ 5,4 %-Punkte)
- Alte Kaserne (+ 5,4 %-Punkte)
- Am Westbad (+ 4,7 %-Punkte)
- Hasenbergl-Lerchenau-Ost (+ 4,6 %-Punkte).

Tabelle 6.13.6: Ausländeranteile in den Stadtteilen Münchens, niedrige Ausländer-Konzentration, in Prozent

Niedrige Ausländerkonzentrationen		
1993	1995	2001
Lochhausen (8,6)	Waldperlach (7,4)	Waldperlach (7,5)
Obermenzing (10,4)	Lochhausen (8,9)	Daglfing (8,9)
Waldtrudering (10,6)	Obermenzing (10,4)	Waldtrudering (9,9)
Gartenstadt Trudering (11,5)	Waldtrudering (10,4)	Gartenstadt Trudering (10,0)
Maßmannsbergl (12,0)	Gartenstadt Trudering (12,0)	Obermenzing (10,2)

Stärkste Abnahme des Ausländeranteils (1993 – 2001, Stadtbezirksteile mit mindestens 500 Einwohnern):
- Messestadt Riem (- 41,6 %-Punkte)
- Kreuzviertel (- 14 %-Punkte)
- Neufreimann (- 12,9 %-Punkte)
- Graggenau (- 12 %-Punkte)
- Am Schlachthof (- 11 %-Punkte)

Tabelle 6.13.7: Regressionen München, angegeben ist beta, Daten für 2001

Unabhängige Variablen	Abhängige Variable			
	% SHE 01	% Ausländer 01	SHE 90-05	Ausländer 90-01
Arbeitslosendichte	0,70***	0,21*	k. A.	
% Sozialwohnungen	0,25***		k. A.	-0,51***
Fortzüge Nicht-Deut. 05		0,78***	k. A.	
Bevölkerung		-0,77*	k. A.	1,48***
Fortzüge Deutsche			k. A.	-1,02***
Saldo Deutsche			k. A.	-0,28***
Saldo Nicht-Deutsche			k. A.	0,21*

6.14 Nürnberg

Tabelle 6.14.1: Gesamtstädtische Daten Nürnberg

Variable	1990	1995	2000	2005
Bevölkerung	494.000	492.000	488.000	499.000
Ausländer	68.000	83.000	88.000	89.000
Ausländer-Anteil in %	13,8	16,9	18,0	17,8
Arbeitslosenquote in %	4,3	7,1	7,1	8,5
Sozialhilfeempfänger	34.000	27.000	27.000	29.000
SHE-Anteil in %	6,9	5,5	5,5	5,8
Wohnungen	234.000*	k. A.	254.000**	260.000
Sozialwohnungen	64.000*	41.000	35.000**	17.000
Zuzüge insgesamt	41.000	29.000	30.000	30.000
Zuzüge Deutsche	23.000	15.000	16.000	20.000
Zuzüge Nicht-Deutsche	18.000	15.000	13.000	10.000
Fortzüge insgesamt	32.000	31.000	27.000	25.000
Fortzüge Deutsche	17.000	18.000	16.000	16.000
Fortzüge Nicht-Deutsche	15.000	13.000	11.000	9.000

*1987   **1999

Tabelle 6.14.2: Segregationsindizes

	1990	1995	2000	2005
IS ethnisch	22,1*	22,5*	23,0*	21,0*
	27,9**	27,3**	27,3**	25,8**
	32,1***	30,8***	29,8***	k. A.***
IS sozial	k. A.	15,1*	21,5*	k. A.
		21,4**	25,5**	

*auf Stadtteil-Ebene
**auf Ebene der Statistischen Bezirke
***auf Distrikt-Ebene

Tabelle 6.14.3: Ärmste Statistische Bezirke Nürnbergs, Anteil der Sozialhilfeempfänger an der Bevölkerung der Statistischen Bezirke, in Prozent

Ärmste Statistische Bezirke*	
1995	**2000**
Sündersbühl (14,3)	Sündersbühl (17,3)
Muggenhof (13,2)	Muggenhof (12,9)
Gibitzenhof (12,2)	Tullnau (12,7)
Altstadt, St. Lorenz (11,8)	Gostenhof (10,5)
Dianastraße (11,3)	Dianastraße (9,9)

*Statistische Bezirke mit mindestens 500 Einwohnern

Stärkste Zunahme des Sozialhilfeempfänger-Anteils (1995 – 2000, Statistische Bezirke mit mindestens 500 Einwohnern):
- Tullnau (+ 4,2 %-Punkte)
- Sündersbühl (+ 3,1 %-Punkte)
- Gugelstraße (+ 2,2 %-Punkte)
- Höfen (+ 2 %-Punkte)
- Dutzendteich (+ 2 %-Punkte).

Tabelle 6.14.4: Reichste Statistische Bezirke Nürnbergs, Anteil der Sozialhilfeempfänger an der Bevölkerung der Statistischen Bezirke, in Prozent

Reichste Statistische Bezirke*	
1995	**2000**
Kraftshof (0,4)	Kraftshof (0,1)
Thon (0,5)	Neunhof (0,4)
Buchenbühl (0,6)	Buchenbühl (0,4)
Erlenstegen (0,7)	Brunn (0,6)
Schmausenbuckstraße (0,8)	Kornburg, Worzeldorf (0,6)

*Statistische Bezirke mit mindestens 500 Einwohnern

Stärkste Abnahme des Sozialhilfeempfänger-Anteils (1995 – 2000, Statistische Bezirke mit mindestens 500 Einwohnern):
- Langwasser Südost (- 3,3 %-Punkte)
- Altstadt, St. Lorenz (- 3,3 %-Punkte)
- Schafhof (- 2,6 %-Punkte)
- Langwasser Nordost (- 2,4 %-Punkte)
- Gibitzenhof (- 2,4 %-Punkte)

Tabelle 6.14.5: Ausländeranteile in den Statistischen Bezirken Nürnbergs, hohe Ausländerkonzentration, in Prozent

Hohe Ausländerkonzentration*			
1990	**1995**	**2000**	**2005**
Dianastraße (50,2)	Dianastraße (53,6)	Dianastraße (51,8)	Dianastraße (48,0)
Gostenhof (44,8)	Gostenhof (46,9)	Bärenschanze (47,9)	Bärenschanze (45,5)
Bärenschanze (41,0)	Bärenschanze (45,3)	Gostenhof (47,5)	Gostenhof (42,0)
Muggenhof (33,2)	Muggenhof (45,3)	Muggenhof (44,3)	Muggenhof (39,9)
Altstadt, St. Lorenz (30,4)	Sandreith (42,2)	Gugelstraße (38,4)	Gugelstraße (36,9)

*Statistische Bezirke mit mindestens 500 Einwohnern

Stärkste Zunahme des Ausländeranteils (1990 – 2005, Statistische Bezirke mit mindestens 500 Einwohnern):
- Steinbühl (+ 11,9 %-Punkte)
- Hasenbruck (+ 10,7 %-Punkte)

- Werderau (+ 9,8 %-Punkte)
- Galgenhof (+ 9,7 %-Punkte)
- Gibitzenhof (+ 9,4 v)

Tabelle 6.14.6: Ausländeranteile in den Statistischen Bezirken Nürnbergs, niedrige Ausländerkonzentration, in Prozent

	Niedrige Ausländerkonzentrationn		
1990	**1995**	**2000**	**2005**
Neunhof (2,0)	Kornburg, Worzeldorf (3,1)	Buchenbühl (2,8)	Buchenbühl (2,9)
Kraftshof (2,4)	Buchenbühl (3,2)	Neunhof (3,2)	Schmausenbuckstraße (3,7)
Kornburg, Worzeldorf (2,6)	Schmausenbuckstraße (3,5)	Schmausenbuckstraße (3,3)	Neunhof (3,7)
Schmausenbuckstraße (2,8)	Neunhof (3,7)	Großgründlach (3,3)	Kornburg, Worzeldorf (3,8)
Großgründlach (2,9)	Trierer Straße (3,8)	Kornburg, Worzeldorf (3,5)	Brunn (4,0)

Stärkste Abnahme des Ausländeranteils (1990 – 2005, Statistische Bezirke mit mindestens 500 Einwohnern):
- Schafhof (- 7,9 %-Punkte)
- Altstadt, St. Lorenz (- 2,9 %-Punkte)
- Gostenhof (- 2,8 %-Punkte)
- Buchenbühl (- 2,2 %-Punkte)
- Dianastraße (- 2,2 %-Punkte)

Tabelle 6.14.7: Regressionen Nürnberg, angegeben ist beta, Daten für 2000

Unabhängige Variablen	Abhängige Variable			
	% SHE 00	% Ausländer 00	SHE 95-00	Ausländer 90-05
Arbeitslosendichte	0,59***	0,40***	0,34*	
% Sozialwohnungen	0,16***		-0,31*	
Fortzüge Deutsche 05		0,63***		
Fortzüge Deutsche		-0,49*		
Saldo Nicht-Deutsche			0,32*	
Fluktuationsquote	0,33***	0,29*		

6.15 Stuttgart

Tabelle 6.15.1: Gesamtstädtische Daten Stuttgart

Variablen	1990	1995	2000	2005
Bevölkerung	599.000	595.000	587.000	593.000
Ausländer	115.000	136.000	134.000	130.000
Ausländer-Anteil in %	19,2	22,9	22,8	21,9
Arbeitslosenquote in %	2,5	5,9	4,2	7,4
Sozialhilfeempfänger	26.000	23.000[2]	21.000	24.000
SHE-Anteil in %	4,3	3,9[2]	3,6	4,0
Wohnungen	234.000[1]	280.000	284.000[2]	294.000
Sozialwohnungen	35.000[1]	18.000	18.000[3]	18.000
Zuzüge insgesamt	53.000	41.000	43.000	43.000
Zuzüge Deutsche	32.000	22.000	25.000	25.000
Zuzüge Nicht-Deutsche	21.000	18.000	18.000	17.000
Fortzüge insgesamt	46.000	45.000	41.000	41.000
Fortzüge Deutsche	30.000	26.000	25.000	25.000
Fortzüge Nicht-Deutsche	16.000	19.000	16.000	16.000

[1] 1987 [2] 1997 [3] 2001

Tabelle 6.15.2: Segregationsindizes

	1990	1995	2000	2005
IS ethnisch	14,0*	12,7*	11,9*	11,2*
	15,8**	14,7**	13,75**	k. A.**
IS sozial	k. A.	13,5*	12,2*	12,0*
		16,95**	16,63**	k. A.**

*auf der Ebene der Stadtbezirke
**auf der Ebene der Stadtteile

Tabelle 6.15.3: Ärmste Stadtbezirke Stuttgarts, Anteil der Sozialhilfeempfänger an der Stadtbezirksbevölkerung, in Prozent

Ärmste Stadtbezirke		
1995	**2000**	**2005**
Süd (5,3)	Bad Cannstatt (5,0)	Mitte (5,8)
Bad Cannstatt (5,3)	Mitte (4,9)	Bad Cannstatt (5,8)
Wangen (5,2)	Zuffenhausen (4,7)	Wangen (5,5)
Zuffenhausen (5,1)	Mühlhausen (4,5)	Zuffenhausen (5,3)
Ost (4,8)	Ost (4,5)	Mühlhausen (5,2)

Stärkste Zunahme des Sozialhilfeempfänger-Anteils (1995 – 2005):
- Münster (+ 1,4 %-Punkte)
- Nord (+ 1,3 %-Punkte)

6. Dokumentation

- Hedelfingen (+ 1%-Punkte)
- Botnang (+ 1 %-Punkte)
- Weilimdorf (+ 1 %-Punkte)

Tabelle 6.15.4: Reichste Stadtbezirke Stuttgarts, Anteil der Sozialhilfeempfänger an der Stadtbezirkbevölkerung, in Prozent

Reichste Stadtbezirke		
1995	**2000**	**2005**
Vaihingen (1,8)	Vaihingen (1,4)	Degerloch (1,9)
Degerloch (1,9)	Degerloch (1,8)	Vaihingen (2,0)
Münster (2,6)	Plieningen (2,1)	Plieningen (2,6)
Plieningen (2,6)	Hedelfingen (2,6)	Sillenbuch (2,6)
Botnang (2,7)	Untertürkheim (2,7)	Birkach (2,6)

Stärkste Abnahme des Sozialhilfeempfänger-Anteils (1995 – 2005):
- Süd (- 1,2 %-Punkte)
- West (- 0,6 %-Punkte)
- Birkach (- 0,5 %-Punkte)
- Sillenbuch (- 0,5 %-Punkte)
- Feuerbach (- 0,2 %-Punkte)

Tabelle 6.15.5: Ausländeranteile in den Stadtbezirken Stuttgarts, hohe Ausländerkonzentration, in Prozent

Hohe Ausländerkonzentration			
1990	**1995**	**2000**	**2005**
Mitte (29,4)	Mitte (34,2)	Wangen (34,4)	Wangen (33,9)
Wangen (27,4)	Wangen (33,6)	Mitte (31,5)	Mitte (29,4)
Süd (26,4)	Süd (30,3)	Bad Cannstatt (30,2)	Bad Cannstatt (28,6)
Bad Cannstatt (25,2)	Bad Cannstatt (29,6)	Süd (28,3)	Zuffenhausen (26,7)
Zuffenhausen (22,8)	Ost (27,0)	Ost (27,5)	Ost (26,6)

Stärkste Zunahme des Ausländeranteils (1990 – 2005):
- Wangen (+ 6,5 %-Punkte)
- Münster (+ 6,5 %-Punkte)
- Sillenbuch (+ 4,7 %-Punkte)
- Plieningen (+ 4,3 %-Punkte)
- Mühlhausen (+ 4,3 %-Punkte)

Tabelle 6.15.6: Ausländeranteile in den Stadtbezirken Stuttgarts, niedrige Ausländerkonzentration, in Prozent

Niedrige Ausländerkonzentration			
1990	**1995**	**2000**	**2005**
Sillenbuch (6,9)	Birkach (11,5)	Birkach (12,0)	Sillenbuch (11,6)
Birkach (9,4)	Sillenbuch (12,2)	Sillenbuch (12,1)	Birkach (12,5)
Degerloch (9,7)	Plieningen (12,8)	Botnang (13,6)	Degerloch (13,5)
Plieningen (10,6)	Degerloch (12,9)	Degerloch (13,9)	Botnang (13,7)
Botnang (11,0)	Botnang (13,7)	Plieningen (14,4)	Plieningen (14,9)

Einzige Abnahme des Ausländeranteils (1990 – 2005):
- Süd (-0,7 %-Punkte)

Tabelle 6.15.7: Regressionen Stuttgart, angegeben ist beta, Daten für 2005

Unabhängige Variable	Abhängige Variable			
	% SHE 05	% Ausländer 05	SHE 95-05	Ausländer 90-05
Arbeitslosendichte	0,91***	0,67***		

Literaturverzeichnis

Alisch, Monika und Dangschat, Jens S. (Hg.), 1998: Armut und Soziale Integration: Strategien sozialer Stadtentwicklung. Opladen: Leske+Buderich.

Allport, Gordon W., 1954: The Nature of Prejudice. Reading, MA: Addison-Wesley.

Andreß, Hans-Jürgen, 1999: Leben in Armut. Analysen der Verhaltensweisen armer Haushalte mit Umfragedaten. Opladen: Westdeutscher Verlag.

Arbaci, Sonia, 2007: Ethnic Segregation, Housing Systems and Welfare Regimes in Europe. European Journal of Housing Policy 7: 401-433.

Anonym, 1844: Die Armuth und die Mittel ihr entgegen zu wirken. Von einem Mann aus dem Volke. Leipzig: Otto Wigand.

BAGS (= Behörde für Arbeit, Gesundheit und Soziales der Freien und Hansestadt Hamburg), 1993: Armut in Hamburg. Hamburg: BAGS.

Balsen, Werner, Hans Nakielski, Karl Rössel und Rolf Winkel, 1984: Die neue Armut. 3. überarb. A. Köln: Bund-Verlag.

Bartelheimer, Peter, 1997: Risiken für die soziale Stadt. Erster Frankfurter Sozialbericht. Frankfurt/M.: Deutscher Verein für öffentliche und private Fürsorge.

Becker, Irene, 2007: Verdeckte Armut in Deutschland. Ausmaß und Ursachen. Berlin: Friedrich-Ebert-Stiftung.

Becker, Irene, Richard Hauser, Klaus Kortmann, Tatjana Mika und Wolfgang Strengmann-Kuhn, 2005: Dunkelziffer der Armut. Ausmaß und Ursachen der Nicht-Inanspruchnahme zustehender Sozialhilfeleistungen. Berlin: Hans-Böckler-Stiftung.

Blalock, Hubert M., 1967: Toward a Theory of Minority-Group Relations. New York: Wiley.

Blasius, Jörg, Jürgen Friedrichs und Jennifer Klöckner, 2008: Doppelt benachteiligt? Leben in einem deutsch-türkischen Stadtteil. Wiesbaden: VS Verlag für Sozialwissenschaften.

Bluestone, Barry, und Bennett Harrison, 1962: The Deindustrialization of America. New York: Basic Books.

Bolt, Gideon S., und Ronald van Kempen, 1997: Turks in the Netherlands: Urban Segregation and Neighborhood Choice. Paper, presented at the First International MigCities Conference, Warwick University, May 29-31, 1997.

Breckner, Ingrid, Hubert Heinelt, Michael Krummacher, Dieter Oelschlägel, Thomas Rommelspacher und Klaus Schmals, 1989: Armut im Reichtum. Erscheinungsformen,

Ursachen und Handlungsstrategien in ausgewählten Großstädten der Bundesrepublik. Bochum: Germinal.

Briggs, Xavier de Souza (Hg.), 2005: The Geography of Opportunity. Washington, DC: The Brookings Institution.

Brown, Rupert, and Miles Hewstone, 2005: An Integrative Theory of Intergroup Contact. Advances in Experimental Social Psychology 37: 255-343.

Buhr, Petra, 1995: Dynamik von Armut. Dauer und biographische Bedeutung von Sozialhilfebezug. Opladen: Westdeutscher Verlag.

Christopher, Alexander J., 1994: The Atlas of Apartheid. London-New York: Routledge.

Christopher, Alexander J., 2005: The Slow Pace of Desegregation in South African Cities, 1996-2001. Urban Studies 42: 2305-2320.

Coulson, N. Edward, Seok-Joon Hwang und Susumu Imai, 2003: The Benefits of Owner-Occupation in Neighborhoods. Journal of Housing Research 14: 21-48.

Crane, Jonathan, 1991: The Epidemic Theory of Ghettos and Neighborhood Effects on Dropping Out and Teenage Childbearing. American Journal of Sociology 96: 1226-1259.

Cross, Malcolm, 1994: Ethnic Pluralism and Racial Inequality. Utrecht: University of Utrecht.

Dangschat, Jens S., 1995: „Stadt" als Ort und als Ursache von Armut und sozialer Ausgrenzung. Aus Politik und Zeitgeschichte B31-32: 50-62.

Dangschat, Jens S., 1996: Zur Armutsentwicklung in deutschen Städten. S. 51-76 in: Akademie für Raumforschung und Landesplanung (Hg.): Entwicklungen und Probleme der Agglomerationsräume in Deutschland. Hannover: ARL.

Dangschat, Jens S., (Hg.), 1999: Modernisierte Stadt - Gespaltene Gesellschaft. Ursachen von Armut und sozialer Ausgrenzung. Opladen: Leske + Budrich.

Dangschat, Jens S., 2002: Residentielle Segregation – die andauernde Herausforderung an die Stadtforschung. S. 25-36 in: Heinz Fassmann, Joseph Kohlbacher und Ursula Reeger von Drava, (Hg.): Zuwanderung und Segregation. Klagenfurt: Drava.

Dangschat, Jens S., 2007: Soziale Ungleichheit, gesellschaftlicher Raum und Segregation. S. 21-50 in: Jens S. Dangschat und Alexander Hamedinger (Hg.): Lebensstile, soziale Lagen und Siedlungsstrukturen. Hannover: Akademie für Raumforschung und Landesplanung.

Dekker, Karien, und Gideon Bolt, 2005: Social Cohesion in Post-war Estates in the Netherlands: Differences between Socioeconomic and Ethnic Groups. Urban Studies 42: 2447-2470.

Deutscher Bundestag, 2005: Lebenslagen in Deutschland – Zweiter Armuts- und Reichtumsbericht. Bonn: Drucksache 15/5015.

Dicken, Peter, 1998: Global Shift. The Internationalization of Economic Activities, 3rd ed. London: Guilford Press.

Dietz, Robert D., 2000: Estimation of Neighborhood Effects in the Social Sciences. URAI Working Paper No. 00-03. Columbus, OH: Ohio State University, Urban and Regional Analysis Initiative.

Dietz, Robert D., und Donald R. Haurin, 2003: The Social and Private Micro-level Consequences of Homeownership. Journal of Urban Economics 54: 401-450.

Difu (= Deutsches Institut für Urbanistik) (Hg.), 2002: Die Soziale Stadt- Eine erste Bilanz des Bund-Länder-Programms „Stadtteile mit besonderem Entwicklungsbedarf – die soziale Stadt". Berlin: Difu.

Difu (=Deutsches Institut für Urbanistik), 2003: Soziale Stadt – Strategien für die Soziale Stadt, Erfahrungen und Perspektiven – Umsetzung des Bund-Länder-Programms "Stadtteile mit besonderem Erneuerungsbedarf – die soziale Stadt". Berlin: Difu. (www.sozialestadt.de/veroeffentlichungen/endbericht)

DiPasquale, Denise, und Edward L. Glaeser, 1999: Incentives and Social Capital: Are Homeowners Better Citizens? Journal of Urban Economics 45: 354-384.

Döring, Diether, Walter Hanesch und Ernst-Ulrich Huster, (Hg.), 1990: Armut im Wohlstand. Frankfurt/Main: Suhrkamp.

Drever, Anita I., und William A. V. Clark, 2002: Gaining Access to Housing in Germany: The Foreign-minority Experience. Urban Studies 39: 2439-2453.

Duncan, Otis D., und Duncan, Beverly, 1955: Residential Distribution and Occupational Stratification. American Journal of Sociology 60: 493-503.

Ehlers, Kay E., und Jürgen Friedrichs, 1986: Qualifikationsstrukturen – Schlüssel zum regionalwirtschaftlichen Erfolg oder Beginn sozialer Segregation? Informationen zur Raumentwicklung 11+12/1986: 897-908.

Esser, Hartmut, 1988: Sozialökologische Forschung und Mehr-Ebenen-Analyse. S. 35-55 in: Jürgen Friedrichs (Hg.): Soziologische Stadtforschung. Opladen: Westdeutscher Verlag. (Sonderheft 29 der Kölner Zeitschrift für Soziologie und Sozialpsychologie)

Fainstein, Susan, Ian Gordon und Michael Harloe, (Hg.), 1992: Divided Cities. Cambridge, MA: Blackwell.

Farwick, Andreas, 1996: Armut in der Stadt - Prozesse und Mechanismen der räumlichen Konzentration von Sozialhilfeempfängern. Universität Bremen: ZWE „Arbeit und Region", Arbeitspapier Nr. 25.

Farwick, Andreas, 1999: Segregierte Armut in der Stadt - Das Beispiel Bielefeld. Universität Bremen: ZWE „Arbeit und Region", Arbeitspapier Nr. 33.

Farwick, Andreas, 2001: Segregierte Armut in der Stadt. Opladen: Leske + Budrich.

Farwick, Andreas, und Wolfgang Voges, 1997: Segregierte Armut und das Risiko Sozialer Ausgrenzung. Zum Einfluss der Nachbarschaft auf die Verstetigung von Sozialhilfebedürftigkeit. Universität Bremen: ZWE „Arbeit und Region", Arbeitspapier Nr. 27.

FHB (Freie und Hansestadt Bremen), 1987: Erster Sozialbericht für die Freie und Hansestadt Bremen. Bremen: Senator für Jugend und Soziales.

FHB (Freie und Hansestadt Bremen), 1991: Zweiter Sozialbericht für die Freie und Hansestadt Bremen. Bremen: Senator für Jugend und Soziales.

Fischer, Claude S., 1975: Toward a Subcultural Theory of Urbanism. American Journal of Sociology 80: 1319-1341.

Fossett, Mark, und K. Jill Kiecolt, 1989: The Relative Size of Minority Populations and White Racial Attitudes. Social Science Quarterly 70: 820-835.

Friedrichs, Jürgen 1983. Stadtanalyse. Soziale und räumliche Organisation der Gesellschaft. 3. A. Opladen: Westdeutscher Verlag.

Friedrichs, Jürgen, 1993: A Theory of Urban Decline: Economy, Demography and Political Elites. Urban Studies 30: 907-917.

Friedrichs, Jürgen, 1998: Ethnic Segregation in Cologne, Germany, 1984-1994. Urban Studies 35: 1745-1763.

Friedrichs, Jürgen, 2008: Ethnische Segregation. In: Frank Kalter (Hg.): Migration und Integration. Wiesbaden: VS Verlag für Sozialwissenschaften. (Sonderheft 48 der Kölner Zeitschrift für Soziologie und Sozialpsychologie) (im Druck)

Friedrichs, Jürgen, und Jörg Blasius, 2000: Leben in benachteiligten Wohngebieten. Opladen: Leske + Budrich.

Friedrichs, Jürgen, und Jörg Blasius, 2006: Attitudes of Owners and Renters in a Deprived Neighbourhood. Paper, presented in the Working Group "Poverty Neighborhoods" at the

International ENHR Conference "Housing in an Expanding Europe", Ljubljana, 2.-5. Juli 2006.

Friedrichs, Jürgen, und Alexandra Nonnenmacher, 2008: Führen innerstädtische Wanderungen zu einer Entmischung von Stadtteilen? In: Felicitas Hillmann und Michael Windzio (Hg.): Migration, Integration und Segregation. Opladen: Barbara Budrich. (im Druck)

Galster, George C., 1983: Empirical Evidence on Cross-Tenure Differences in Home Maintenance and Conditions. Land Economics 59: 107-113.

Galster, George C., 1987: Homeowners and Neighborhood Reinvestment. Durham, NC: Duke University Press.

Galster, George C., 2007: Neighborhood Social Mix as a Goal of Housing Policy: A Theoretical Analysis. European Journal of Housing Policy 7: 19-43.

Galster, George C., 2008: Quantifying the Effects of Neighbourhood on Individuals: Challenges, Alternative Approaches, and Promising Directions. Schmollers Jahrbuch 128: 7-48.

Galster, George C., und Sean P. Killen, 1995: The Geography of Metropolitan Opportunity: A Reconnaissance and Conceptual Framework. Housing Policy Debate 6: 7-43.

Gans, Herbert J., 1961: The Balanced Community: Homogeneity or Heterogeneity in Residential Areas? Journal of the American Institute of Planners 27: 176-184.

Gijsberts, Mérove, und Jaco Dagevos, 2007: The Socio-cultural Integration of Ethnic Minorities in the Netherlands: Identifying Neighbourhood Effects on Multiple Integration Outcomes. Housing Studies 22: 805-831.

Glebe, Günther, 1997: Housing and Segregation of Turks in Germany. S. 122-157 in: Sule Özüekren und Ronald van Kempen (Hg.): Turks in European Cities: Housing and Urban Segregation. Utrecht: University, European Centre on Migration and Ethnic Relations.

Goodchild, Barry, und Ian Cole, 2001: Social Balance and Mixed Neighbourhoods in Britain since 1979: A Review of Discourse and Practice in Social Housing. Environment and Planning D: Society and Space 19: 103-121.

Grabka, Markus M., und Joachim R. Frick, 2008: Schrumpfende Mittelschicht – Anzeichen einer dauerhaften Polarisierung der verfügbaren Einkommen? DIW-Wochenbericht Nr. 10/2008: 101-114.

Häußermann, Hartmut, 1997: Armut in den Großstädten – eine neue städtische Unterklasse? Leviathan 25: 12-27.

Häußermann, Hartmut, und Andreas Kapphan, 2000: Berlin: von der geteilten zur gespaltenen Stadt? Opladen: Leske + Budrich.

Häußermann, Hartmut, und Walter Siebel, 1991: Bausteine zu einem Szenario der Entwicklung von Berlin. Sozialräumliche Struktur und Steuerung des Wachstums. S. 25-58 in: Senatverwaltung für Stadtentwicklung und Umweltschutz (Hg.): Metropole Berlin: Mehr Markt! Berlin: Kulturbuch Verlag.

Häußermann, Hartmut, und Walter Siebel, 2001: Soziale Integration und ethnische Schichtung. Zusammenhänge zwischen räumlicher und sozialer Integration. Gutachten im Auftrag der Unabhängigen Kommission „Zuwanderung". Berlin-Oldenburg.

Hamnett, Chris, 1994: Social Polarisation in Global Cities: Theory and Evidence. Urban Studies 31: 401-424.

Hamnett, Chris, 1996: Social Polarisation, Economic Restructuring and Welfare State Regimes. Urban Studies 33: 1407-1430.

Hamnett, Chris, 2002: Social Polarization in London: the Income Evidence, 1979-93. S. 168-199 in: Malcolm Cross und Robert Moore (Hg.): Globalization and the New City. Houndmills-New York: Palgrave.

Hanesch, Walter u.a., 1994: Armut in Deutschland. Reinbek: Rowohlt.

Harkness, Joseph, und Sandra Newman, 2002: Homeownership for the Poor in Distressed Neighborhoods: Does This Make Sense? Housing Policy Debate 13: 597-630.

Haurin, Donald R., Robert D. Dietz und Bruce A. Weinberg, 2003: The Impact of Neighbourhood Homeownership Rates: A Review of the Theoretical and Empirical Literature. Journal of Housing Research 13: 119-151.

Herlyn, Ulfert, Ulrich Lakemann und Barbara Lettko, 1991: Armut und Milieu. Basel: Birkhäuser.

Hess, Henner und Achim Mächler, 1973: Ghetto ohne Mauern. Ein Bericht aus der Unterschicht. Frankfurt/M.: Suhrkamp.

Hewstone, Miles, und Rupert Brown, 1986: Contact is not Enough: An Intergroup Perspective on the „Contact Hypothesis". S. 1-44 in Miles Hewstone und Rupert Brown (Hg.): Contact and Conflict in Intergroup Encounters. Oxford: Blackwell.

Holt-Jensen, Arild, Elise Henu, Anneli Kährik und Roode Liias (Hg.), 2004: New Ideas for Neighbourhoods in Europe. Handbook. Bergen: Universität Bergen, NEHOM Project.

House, James S., 2002: Understanding Social Factors and Inequalities in Health: 20th Century Problems and 21st Century Prospects. Journal of Health and Social Behavior 43: 125-142.

Huster, Ernst-Ulrich, 1996: Armut in Europa. Opladen: Leske + Budrich.

Iceland, John, Daniel H. Weinberg und Erika Steinmetz, 2002: Racial and Ethnic Segregation in the United States: 1980-2000. Washington, DC: U.S. Government Printing Office.

IfS (Institut für Stadtforschung und Strukturpolitik), 2004: Die Soziale Stadt. Ergebnisse der Zwischenevaluierung. Berlin: Deutsches Institut für Urbanistik.

ILS (Institut für Landes- und Stadtentwicklungsforschung des Landes Nordrhein-Westfalen), Klaus Peter Strohmeier und Hartmut Häußermann, 2003: Sozialraumanalyse – Soziale, ethnische und demografische Segregation in den nordrhein-westfälischen Städten. Dortmund-Bochum: ILS.

Jargowsky, Paul A., 1997: Poverty and Place. Ghettos, Barrios, and the American City. New York: Russel Sage Foundation.

Jungbauer-Gans, Monika, 2006: Soziale und kulturelle Einflüsse auf Krankheit und Gesundheit. Theoretische Überlegungen. S. 86-108 in: Claus Wendt und Christof Wolf (Hg.): Soziologie der Gesundheit. Wiesbaden: VS Verlag für Sozialwissenschaften. (Sonderheft 46 der Kölner Zeitschrift für Soziologie und Sozialpsychologie)

Jupp, Ben, 1999: Living Together. Community Life in Mixed Tenure Estates. London: Demos.

Kasarda, John D., und Jürgen Friedrichs, 1985: Comparative Demographic-Employment Mismatches in U.S. and West German Cities. S. 1-30 in: Richard L. Simpson und Ira H. Simpson (Hg.): Research in the Sociology of Work. Vol. 3: Unemployment. Greenwich: JAI-Press.

Kecskes, Robert, und Stefan Knäble, 1988: Der Bevölkerungsaustausch in ethnisch gemischten Wohngebieten. Ein Test der Tipping-Theorie von Schelling. S. 293-309 in: Jürgen Friedrichs (Hg.): Soziologische Stadtforschung. Opladen: Westdeutscher Verlag. (Sonderheft 29 der Kölner Zeitschrift für Soziologie und Sozialpsychologie)

Keller, Carsten, 1999: Armut in der Stadt. Zur Segregation benachteiligter Gruppen in Deutschland. Opladen: Westdeutscher Verlag.

Klagge, Britta, 1998: Armut in westdeutschen Städten. Geographische Rundschau 50: 139-145.

Kennedy, Lesslie W. und Robert A. Silverman, 1985: Perception of Social Diversity and fear of crime. Environment and Behavior 17: 275-295.

Klagge, Britta, 2005: Armut in westdeutschen Städten. Stuttgart: Steiner.

Kleinhans, Reinout, 2004: Social Implications of Housing Diversification in Urban Renewal: A Review of Recent Literature. Journal of Housing and the Built Environment 19: 367-390.

Kloosterman, Robert, Joanne van der Leun und Jan Rath, 1997: Across the Border. Economic Opportunities, Social Capital and Informal Businesses Activities of Immigrants. Paper, presented at the First International MigCities Conference, Warwick University, May 29-31, 1997.

Kölner Stadt-Anzeiger, 15. Juni 2007, Seite 11: Köln als erfolgreichste deutsche Stadt.

Kristen, Cornelia, 2002: Hauptschule, Realschule oder Gymnasium? Ethnische Unterschiede am ersten Bildungsübergang. Kölner Zeitschrift für Soziologie und Sozialpsychologie 54: 534-552.

Kristen, Cornelia, 2006: Ethnische Diskriminierung in der Grundschule? Die Vergabe von Noten und Bildungsempfehlungen. Kölner Zeitschrift für Soziologie und Sozialpsychologie 58: 79-97.

Krummacher, Michael, 2002: Zusammenleben und interkulturelle Konflikte in Stadtteilen mit hohem Zuwandereranteil. S. 37-48 in: Heinz Fassmann, Josef Kohlbacher und Ursula Reger (Hg.): Zuwanderung und Segregation. Klagenfurt: Drava.

Läpple, Dieter, 2004: Hamburger Arbeitsmarkt im globalen Kontext. S. 147-181 in: Elmar Hönekopp, Rolf Jungnickel und Thomas Straubhaar (Hg.), Internationalisierung der Arbeitsmärkte, Nürnberg: Institut für Arbeitsmarkt und Berufsforschung.

Landeshauptstadt Dresden, 2006: Sozialatlas. Dresden: Der Oberbürgermeister, Geschäftsbereich Soziales.

Landeshauptstadt Düsseldorf, 2001: Familienbericht. Bericht über die Lage der Familien in Düsseldorf. Erster Teil: Soziodemographische Daten. Düsseldorf: Amt für Statistik und Wahlen und Jugendamt.

Landeshauptstadt Düsseldorf, 2005: Sozialräumliche Gliederung der Stadt Düsseldorf. Fortschreibung 2005. Düsseldorf:. Jugendamt.

Landeshauptstadt Düsseldorf, 1999: Armutsbericht 1999. Kinder & Jugendliche. Armut und Reichtum. Lebenslagen und Lebenschancen von Kindern und Jugendlichen in Düsseldorf. Düsseldorf: Jugendamt, Amt für Statistik und Wahlen und Initiativen und Verbände.

Landeshauptstadt Magdeburg, 2002: Sozialbericht der Landeshauptstadt Magdeburg 2000/2001. Magdeburg: Sozial- und Wohnungsamt.

Landeshauptstadt München, 1991: Münchner Armutsbericht '90. München: Landeshauptstadt, Sozialreferat.

Landeshauptstadt München, 1991: Münchner Armutsbericht – Fortschreibung 1992. München: Landeshauptstadt, Sozialreferat.

Landeshauptstadt München, 1994: Kommunalpolitische Konsequenzen des Münchner Armutsberichts '90. München: Landeshauptstadt, Sozialreferat.

Landeshauptstadt München, 2006a: Münchner Armutsbericht – Fortschreibung 2004. Landeshauptstadt München, Sozialreferat.

Landeshauptstadt München, 2006b: München sozial. Entwicklungen 1996-2005. München: Landeshauptstadt, Sozialreferat.

Landeshauptstadt Schwerin, 2004: Sozialbericht. Schwerin: Sozialdezernat.

Landeshauptstadt Stuttgart, 1990: Soziale Ungleichheit und Armut. Sozialhilfebericht für die Stadt Stuttgart. Stuttgart: Sozial- und Schulreferat.

Landeshauptstadt Wiesbaden, 1996: Armutsrisiken und Sozialhilfebedürftigkeit in Wiesbaden. Wiesbaden: Amt für Wahlen, Statistik und Stadtforschung.

Lupton, Ruth, 2003: „Neighbourhood Effects": Can We Measure Them and Does it Matter? CASEpaper 73. London: London School of Economics, Centre for Analysis of Social Exclusion.

Marcuse, Peter, 1989: "Dual City": A Muddy Metaphor for a Quartered City. Journal of Urban and Regional Research 13: 697-708.

Marcuse, Peter, 1996: Space and Race in the Post-Fordist City: The Outcast Ghetto and the Advanced Homelessness in the United States Today. S. 176-216 in: Enzio Mingione (Hg.): 1996: Urban Poverty and the Underclass. Oxford: Blackwell.

Marshall, Harvey, und Robert Jiobu, 1975: Residential Segregation in the United States Cities. A Causal Analysis. Social Forces 53: 449-460.

Massey, Douglas S., und Nancy A. Denton, 1993: American Apartheid. Segregation and the Making of the Underclass. Cambridge, MA: Harvard University Press.

McCulloch, Andrew, 2001: Ward-level Deprivation and Individual Social and Economic Outcomes in the British Household Panel Survey. Environment and Planning A, 3: 667-684.

Meier, Uta, Heide Preuße und Eva Maria Sunnus, 2003: Steckbriefe von Armut. Haushalte in prekären Lebenslagen. Wiesbaden: Westdeutscher Verlag.

Meinlschmidt, Gunther, und M. Harvey Brenner, 1999: Sozialstrukturatlas Berlin 1999. Berlin: Berliner Zentrum Public Health.

Mielck, Andreas, 2000: Soziale Ungleichheit und Gesundheit. Empirische Ergebnisse, Erklärungsansätze, Interventionsmöglichkeiten. Bern: Huber.

Mingione, Enzo (Hg.), 1996: Urban Poverty and the Underclass. Oxford: Blackwell.

Morrill, Richard L., 1965: The Negro Ghetto: Problems and Alternatives. Geographical Review 55: 339-361.

Musterd, Sako, und Wim Ostendorf, 2007: Spatial Segregation and Integration in The Netherlands. S. 41-60 in: Karen Schönwälder (Hg.): Residential Segregation and the Integration of Immigrants: Britain, the Netherlands and Sweden. Berlin: WZB (Discussion Paper Nr. SP IV 2007-602).

Musterd, Sako, Wim Ostendorf und Matthijs Breebaart, 1998: Multi-Ethnic Metropolis: Patterns and Policies. Dordrecht-Boston-London: Kluwer.

Nauck, Bernhard, Heike Diefenbach and Cornelia Petri, 1998: Intergenerationale Transmission von kulturellem Kapital unter Migrationsbedingungen. Zum Bildungserfolg von Kindern und Jugendlichen aus Migrantenfamilien in Deutschland. Zeitschrift für Pädagogik 44: 701-722.

Peterson, Paul E. (Hg.), 1991: The Urban Underclass and the Poverty Paradox. Washington, DC: The Brookings Institution.

Pettigrew, Thomas F., 1998: Intergroup Contact Theory. Annual Review of Psychology 49: 65-85.

Pettigrew, Thomas F., und Linda Tropp, 2006: A Meta-analytic Test of Intergroup Contact Theory. Journal of Personality and Social Psychology 90: 751-783.

Pohlan, Jörg, und Jürgen Wixforth, 2005: Schrumpfung, Stagnation und Wachstum – Auswirkungen auf städtische Finanzlagen in Deutschland. S. 19-48 in: Norbert Gestring u.a. (Hg.): Jahrbuch StadtRegion 2004/2005. Wiesbaden: VS Verlag für Sozialwissenschaften.

Quillian, Lincoln, 1995: Prejudice as Response to Perceived Group Threat: Population Composition and Anti-Immigrant and Racial Prejudice in Europe. American Sociological Review 60: 586-611.

Richardson, Harry W., 1978: Urban Economics. Hinsdale, IL: Dryden Press.

Robert, Stephanie A., 1999: Socioeconomic Position and Health: The Independent Contribution of Community Socioeconomic Context. Annual Review of Sociology 25: 489-516.

Rohe, William R., und Leslie S. Stewart, 1996: Homeownership and Neighborhood Stability. Housing Policy Debate 7: 37-81.

Ross, Catherine S., John Mirowsky, und Shana Pribesh, 2001: Powerlessness and the Amplification of Threat: Neighborhood Disadvantage, Disorder, and Mistrust. American Sociological Review 66: 568-591.

Rossi, Peter H., und Eleanor Weber, 1996: The Social Benefits of Homeownership: Empirical Evidence from National Surveys. Housing Policy Debate 7: 1-35.

Rust, Edgar, 1975: No Growth. Lexington: D.C. Heath.

Salentin, Kurt, und Frank Wilkening, 2003: Ausländer, Eingebürgerte und das Problem einer realistischen Zuwanderer-Integrationsbilanz. Kölner Zeitschrift für Soziologie und Sozialpsychologie 55: 278-298.

Sampson, Robert J,, und W. Byron Groves, 1989: Community Structure and Crime: Testing Social Disorganization Theory. American Journal of Sociology 94: 774-802.

Sampson, Robert J., Jeffrey D. Morenoff und Thomas Gannon-Rowley, 2002: Assessing "Neighborhood Effects": Social Pocesses and New Directions in Research. Annual Review of Sociology 64: 633-660.

Sarkissian, Wendy, 1976: The Idea of Social Mix in Town Planning: An Historical Review. Urban Studies 13: 231-246.

Sassen, Saskia, 1991: The Global City. New York: Princeton University Press.

Schelling, Thomas C., 1978: Micromotives and Macrobehavior. New York: Norton.

Schönwälder, Karen, Janina Söhn und Nadine Schmid, 2007: Siedlungsstrukturen von Migrantengruppen in Deutschland: Schwerpunkte der Ansiedlung und innerstädtische Konzentrationen. Berlin: WZB, Discussion Paper Nr. SP IV 2007-601.

South, Scott J., und Kyle D. Crowder, 1997: Escaping Distressed Neighborhoods: Individual, Community, and Metropolitan Influences. American Journal of Sociology 102: 1040-1084.

Stadtverwaltung Chemnitz, 2005: Jahresbericht des Sozialamtes 2004. Ausgewählte soziale Entwicklungen in der Stadt Chemnitz. Chemnitz: Stadtverwaltung, Sozialamt.

Stadt Dortmund, 2007: Dortmunder Statistik. Nr. 181. Jahresbericht 2007. Bevölkerung. Dortmund: Fachbereich Statistik.

Stadt Essen, 1993: Soziale Ungleichheit im Stadtgebiet. Essen: Amt für Stadtentwicklungsplanung, Statistik, Stadtforschung und Wahlen.

Stadt Essen, 2007: Soziale Ungleichheit im Stadtgebiet. Statistischer Sonderbericht 1/07. Essen: Amt für Stadtentwicklungsplanung, Statistik, Stadtforschung und Wahlen.
Stadt Köln, Der Oberstadtdirektor, 1998: Kölner Sozialbericht. Köln: Der Oberstadtdirektor, Dezernat für Soziales und Gesundheit. (Vervielfältigter Bericht)

Stadt Köln, 2005: Sozialbericht Köln 2004. Köln: Dezernat für Soziales, Senioren, Wohnen und Beschäftigungsförderung.

Stadt Nürnberg, 2004: Sozialbericht der Stadt Nürnberg. Band I: Die soziale Lage in Nürnberg. Struktur und Entwicklung der Armut. Nürnberg: Stadt Nürnberg, Referat für Jugend, Familie und Soziales.

Statistische Ämter des Bundes und der Länder, 2006: Sozialhilfe regional. Ein Vergleich aller 439 Kreise in Deutschland. Bonn: Statistisches Bundesamt, Zweigstelle Bonn.

Statistisches Bundesamt, 1993, 1997, 2002, 2006: Statistisches Jahrbücher für die Bundesrepublik Deutschland 1993, 1997, 2002, 2006. Wiesbaden: Statistisches Bundesamt.

Statistisches Bundesamt (Hg.), 2006: Datenreport 2006. Bonn: Bundeszentrale für politische Bildung.

Strohmeier, Klaus Peter, und Safet Alic, 2006: Segregation in den Städten. Bonn: Friedrich-Ebert-Stiftung.

Triemer, Sascha, 2006: Ethnische Segregation in Köln. Eine empirische Untersuchung auf der Grundlage der Kontextanalyse. Unveröff. Diplomarbeit im Fach Geographie. Köln: Universität, Geographisches Institut.

Vranken, Jan, Pascal De Decker und Inge van Niewenhuyze (Hg.), 2002: Urban Governance, Social Inclusion and Sustainability- National Context Reports. Antwerpen. Garant.

Waldinger, Roger, 1996: Still the Promised City: African-Americans and New Immigrants in Postindustrial New York. Cambridge, MA: Harvard University Press.

Walther, Uwe-Jens, und Kirsten Mensch (Hg.), 2004: Armut und Ausgrenzung in der „Sozialen Stadt". Konzepte und Rezepte auf dem Prüfstand. Darmstadt: Schader-Stiftung.

Wesemann, Silke, 2006: Analyse von sozialer Ungleichheit und Gesundheit auf Stadtteilebene in Köln. Unveröff. Magisterarbeit im Fach Soziologie. Köln: Universität, Seminar für Soziologie.

Wilson, William J., 1987: The Truly Disadvantaged. Chicago: Chicago University Press.

Wolf, Christof, 2002: Urban Air Pollution and Health: An Ecological Study of Chronic Rhinosinusitis in Cologne, Germany. Health and Place 8: 129-139.

Yavuzcan, Ismail H., 2003: Ethnische Ökonomie. Hamburg Dr. Kovac.

Anhang 1: Städte-Klassifikationen

1. Klassifikation nach Pohlan und Wixforth (2005):

C1: Wirtschaftschwache Nord-West-Städte – schrumpfend (N = 11)
Hierzu gehören: Flensburg, Gelsenkirchen, Kassel, Kiel, **Leipzig**, Lübeck, Mönchengladbach, Neumünster, Offenbach/Main, Oldenburg, Delmenhorst.

C2: Demographisch begünstigt – Beschäftigtenabbau (N = 42)
Hierzu gehören: Amberg, Ansbach, Baden-Baden, Bielefeld, Bochum, Bonn, Bottrop, Braunschweig, Coburg, **Dortmund, Dresden**, Erfurt, Erlangen, Frankenthal, Freiburg, Fürth, Hamm, Heidelberg, Hof, Jena, Kaiserslautern, Kaufbeuren, Kempten, Landau, Leverkusen, Mainz, Memmingen, Mülheim/Ruhr, Neustadt, Passau, Pforzheim, Plauen, Remscheid, Rosenheim, Schwabach, Solingen, Speyer, Straubing, Trier, Weimar, Worms, Würzburg.

C3: Schrumpfend – günstige Beschäftigtenentwicklung (N = 20)
Hierzu gehören: Aachen, Dessau, **Duisburg,** Emden, **Essen**, Hagen, Herne, Ingolstadt, **Köln**, Krefeld, Münster, Oberhausen, Osnabrück, Pirmasens, Salzgitter, Wilhelmshaven, Wismar, Wuppertal, Zweibrücken, Zwickau.

C4: Wirtschaftsstarke Städte – prosperierend (N = 22)
Hierzu gehören: Aschaffenburg, Augsburg, Bamberg, Bayreuth, Darmstadt, **Düsseldorf, Frankfurt/Main,** Heilbronn, Karlsruhe, Koblenz, Landshut, Ludwigshafen, Mannheim, **München, Nürnberg**, Regensburg, Schweinfurt, **Stuttgart,** Ulm, Wiesbaden, Weiden, Wolfsburg.

C5: Ostdeutsche Städte – extrem kumulierte Problemlagen (N = 10)
Hierzu gehören: Brandenburg, Chemnitz, Cottbus, Frankfurt/Oder, Gera, Görlitz, Halle/Saale, Hoyerswerda, Madgeburg, Suhl.

C6: Ostdeutsche Städte – überalternd und Arbeitsmarktprobleme (N = 6)
Hierzu gehören: Greifswald, Neubrandenburg, Potsdam, Rostock, Schwerin, Stralsund.

2. Klassifikation der BBR, Laufende Raumbeobachtung:

Einbezogene Strukturindikatoren:
    Bevölkerungsentwicklung 1997-2004
    Gesamtwanderungssaldo 2002/2004
    Arbeitsplatzentwicklung 1997-2004
    Arbeitslosenquote 2003/2004
    Realsteuerkraft 2003/2004
    Kaufkraft 2004

Klassendefinition nach der Häufigkeit von Werten der gerangreihten Strukturindikatoren im untersten (< 20% aller Werte) und obersten (> 80% aller Werte) Quintil
    stark schrumpfend: 4 – 6 Indikatoren im untersten Quintil
    schrumpfend: 1 – 3 Indikatoren im untersten Quintil
    stabil: keine Indikatoren im untersten oder obersten Quintil
    wachsend: 1 – 3 Indikatoren im obersten Quintil
    stark wachsend: 4 – 6 Indikatoren im obersten Quintil.

Anhang 2: Datenquellen

Berlin
persönliche Auskünfte des Statistischen Landesamtes Berlin-Brandenburg und der Senatsverwaltung für Stadtentwicklung (Berlin), Statistisches Jahrbuch Berlin 1996, Statistisches Jahrbuch Berlin 2001, Statistischer Bericht K I 1 - j 95, Statistischer Bericht K I 1 - j 00, Statistischer Bericht A III 1

Bremen
Persönliche Auskunft des Statistischen Landesamtes Bremen und des Amtes für Wohnungswesen Bremen, Bremen Kleinräumig 2003 Statistischer Monatsbericht H.11/12 2001, Bremer Ortsteilatlas, Zweiter Sozialbericht für die Freie Hansestadt Bremen 1991, Datenangebot unter www.statistik-bremen.de und www.bremen.de

Dortmund
Persönliche Auskünfte des Fachbereichs Statistik und Wahlen der Stadt Dortmund, des Sozialamtes Dortmund und des Landesamtes für Datenverarbeitung und Statistik NRW, Jahrbuch 2000, Dortmunder Statistik September 1991 Sonderheft, Dortmunder Statistik Nr. 154 Bevölkerung 2001, Dortmunder Statistik Nr. 158 Bevölkerung 2002, Dortmunder Statistik Nr. 160 Wirtschaft 2002, Dortmunder Statistik Nr. 173 Jahresbericht 2005 Bevölkerung, Dortmunder Statistik Nr. 178 Jahresbericht 2006 Bevölkerung, LDS NRW & Wfa 2001 Preisgebundener Wohnungsbestand 2000, Datenangebot unter:
www2.dortmund.de/statistik-wahlen

Dresden
Persönliche Auskünfte des Statistischen Landesamtes und der Kommunale Statistikstelle der Landeshauptstadt Dresden, Mitteilungen zur Stadtstruktur 1993, Stat. Info Dresden in Zahlen 1995, Stat. Mitteilungen Nov 2001 Bevölkerung 2000, Landeshauptstadt Dresden Stadtteilkatalog Datenstand 2005

Duisburg
Persönliche Auskünfte des Amtes für Statistik, Stadtforschung und Europaangelegenheiten und des Landesamtes für Datenverarbeitung und Statistik NRW
Stadt Duisburg - Statistisches Informationssystem, 1992 Duisburger Zeitreihen 1975-1991 und Daten über die Duisburger Ortsteile, Einwohnerstatistik der Stadt Duisburg, Stadt Duisburg Amt für Statistik, Stadtforschung und Europaangelegenheiten (2007) Einwohner nach Ortsteilen, Stat. Jahrbuch NRW 1991, Stadt Duisburg Sozialbericht 2007.

Düsseldorf
Persönliche Auskünfte des Amtes für Statistik und Wahlen und des Vermessungs- und Katasteramtes der Landeshauptstadt Düsseldorf und des Landesamtes für Datenverarbei-

tung und Statistik NRW, Sozialräumliche Gliederung der Stadt Düsseldorf (2005), Datenangebot unter www.duesseldorf.de/statistik/

Essen
Persönliche Auskünfte des Amtes für Statistik, Stadtforschung und Wahlen der Stadt Essen, Statistischer Vierteljahresbericht 4'90, Statistischer Vierteljahresbericht 4'95, Halbjahresbericht 2'2000, Halbjahresbericht 1'2001, Halbjahresbericht 1`2005, Halbjahresbericht 2`2005, Halbjahresbericht 1'2006, Arbeitslose in Essen (1991), Arbeitslose in Essen (1996), Soziale Ungleichheit 1994 - 1997 (1999), Sozialwohnungen in Essen (1998)

Frankfurt
Persönliche Auskünfte des Bürgeramtes, Statistik und Wahlen der Stadt Frankfurt am Main, des Jugend- und Sozialamtes der Stadt Frankfurt am Main und der Regionaldirektion Hessen der BA, Statistisches Jahrbuch 1991, Statistisches Jahrbuch 1996, Statistisches Jahrbuch 2001, Statistisches Jahrbuch 2005, Statistisches Jahrbuch 2006, Frankfurter Statistische Berichte 3'1993, Frankfurter Statistische Berichte 4'2001, Frankfurter Statistische Berichte 2/3`2006, Frankfurter Statistische Nachrichten 29/2001, Frankfurter Statistik aktuell Nr. 12/2005, Jahresbericht 2000 der Kommunalen Wohnungsvermittlungsstelle der Stadt Frankfurt, Jahresbericht 2002 der Abteilung Wohnraumversorgung der Stadt Frankfurt, Jahresbericht 2004/2005 der Kommunalen Wohnungsvermittlungsstelle der Stadt Frankfurt

Hamburg
Persönliche Auskünfte des Statistischen Amtes für Hamburg und Schleswig-Holstein und der Hamburgischen Wohnungsbaukreditanstalt, Statistisches Taschenbuch 1991, Statistisches Taschenbuch 1992, Statistischer Bericht A I, II, III 1 – j/95, Statistischer Bericht A I, II, III 1 – j/00, Statistischer Bericht A I, II, III 1 – j/05, Statistischer Bericht 24.8.2006., Statistischer Bericht 28.09.2006, Statistischer Bericht A I 4, Statistischer Bericht K I 1-j 90, Statistik informiert... SPEZIAL 26.06.2006, Hamburger Stadtteil-Profile 2005, Datenangebot unter www.statistik-hh.de

Hannover
Persönliche Auskünfte des Bereiches Wahlen und Statistik der Landeshauptstadt Hannover, Jahresübersicht 1991, Jahresübersicht 1995, Jahresübersicht 2000, Strukturdaten der Stadtteile und Stadtbezirke 2005, Vierteljahrbericht. IV/96, Vierteljahrbericht IV/01,

Köln
Persönliche Auskünfte des Amtes für Stadtentwicklung und Statistik der Stadt Köln, Statistisches Jahrbuch 1990, Kölner Strukturdaten Version 20.07.2006, Sozialbericht Köln 2004, Datenangebot unter www.stadt-koeln.de

Leipzig
Persönliche Auskünfte des Amtes für Statistik der Stadt Leipzig, Ortsteilkatalog 1997, Ortsteilkatalog 2002, Ortsteilkatalog 2004, Ortsteilkatalog 2006, Statistisches Jahrbuch 1994, Statistisches Jahrbuch 1999, Statistisches Jahrbuch 2003, Sozialatlas 1997, Datenangebot unter www.leipzig.de

Anhang 2: Datenquellen

München
Persönliche Auskünfte des Sozialreferates der Landeshauptstadt München, des Bayerischen Landesamtes für Statistik und Datenverarbeitung und des Statistischen Amtes der Landeshauptstadt München, Statistisches Jahrbuch 1991, Statistisches Jahrbuch 2001, Statistisches Jahrbuch der Stadt München 1996, Datenangebot unter www.muenchen.de

Nürnberg
Persönliche Auskünfte des Amt für Stadtforschung und Statistik der Stadt Nürnberg und des Sozialamtes der Stadt Nürnberg, Statistisches Jahrbuch der Stadt Nürnberg 1991, Statistisches Jahrbuch der Stadt Nürnberg 2001, Statistisches Jahrbuch der Stadt Nürnberg 2006, Innergebietliche Strukturdaten Nürnberg 2000, Statistischer Monatsbericht für November 2006: Die Arbeitslosigkeit in den Nürnberger und Fürther Stadtteilen

Stuttgart
Persönliche Auskünfte des Statistischen Amtes, des Amtes für Liegenschaften und Wohnen, des Stadtmessungsamtes und des Sozialamtes der Landeshauptstadt Stuttgart, Statistisches Jahrbuch 1991, Statistisches Jahrbuch 1996, Statistisches Jahrbuch 2001, Datenkompass Stadtbezirke Stuttgart 2006, Statistische Blätter Jahresübersicht 1991, Statistische Blätter Jahresübersicht 1992

Zur aktuellen Bildungsdebatte

> Zentrale Ursachen für sozial ungleiche Bildungschancen

Rolf Becker /
Wolfgang Lauterbach (Hrsg.)
Bildung als Privileg
Erklärungen und Befunde
zu den Ursachen
der Bildungsungleichheit

3. Aufl. 2008. 440 S. Geb.
EUR 39,90
ISBN 978-3-531-16116-7

Der Inhalt: Elternhaus und Bildungssystem als Ursachen dauerhafter Bildungsungleichheit – Bildungsungleichheit im Primar- und Sekundarbereich – Berufliches Ausbildungssystem und Arbeitsmarkt – Konsequenzen für Politik und Forschung

Im Anschluss an kontroverse Diskussionen über dauerhafte Bildungsungleichheiten stellt das Buch detailliert aus sozialwissenschaftlicher Perspektive zentrale Ursachen für sozial ungleiche Bildungschancen in den Mittelpunkt der Betrachtung. Daher werden der aktuelle Stand empirischer Bildungsforschung diskutiert und neue Analysen vorgelegt.

Ziel ist es, in systematischer Weise soziale Mechanismen aufzuzeigen, die zur Entstehung und Reproduktion von Bildungsungleichheiten beitragen.

Erhältlich im Buchhandel oder beim Verlag.
Änderungen vorbehalten.
Stand: Januar 2009.

www.vs-verlag.de

Abraham-Lincoln-Straße 46
65189 Wiesbaden
Tel. 0611.7878-722
Fax 0611.7878-400